Hanne Egghardt • Maria Theresias Männer

Hanne Egghardt

Maria Theresias Männer

Ihre Lieben, ihre Ratgeber
und die Stützen ihres Throns

Bildnachweis

www.kremayr-scheriau.at

ISBN 978-3-218-00988-1
Copyright © 2015 by Verlag Kremayr & Scheriau GmbH & Co. KG, Wien
Alle Rechte vorbehalten
Schutzumschlaggestaltung: Sophie Gudenus, Wien
unter Verwendung eines Gemäldes von Martin van Meytens d. J. (Foto: AKG-images) und
Porträtstichen aus dem Bildarchiv der Österreichischen Nationalbibliothek (siehe Bildnachweis)
Lektorat: Paul Maercker
Typografische Gestaltung, Satz: Birgit Mayer, Extraplan
Druck und Bindung: Druckerei Theiss GmbH, St. Stefan im Lavanttal

Inhaltsverzeichnis

Franz Stephan von Lothringen

Kaiser Franz I. Stephan
* 8. Dezember 1708 in Nancy
† 18. August 1765 in Innsbruck

1. Kapitel
Franz Stephan von Lothringen

Mitregent, Kaiser und geliebter Gatte

„Sein Benehmen ist mehr als ungezwungen und
steht in vollkommenem Gegensatz zu dem Kaiser Karl VI.
Er haßt jeden Zwang und hat fast zu wenig Ernst für
den Rang, den er bekleiden muß (…).“

Der preußische Gesandte Graf Podewils
über Kaiser Franz I. Stephan

Es war der 14. August 1723. Die kaiserliche Familie war nach Prag gereist. Eine pompöse Zeremonie stand auf dem Programm: Die Krönung von Kaiser Karl VI. und seiner Frau Elisabeth Christine zu König und Königin von Böhmen. Ein Ereignis von großer Symbolik. Eine fulminante Machtdemonstration des Hauses Habsburg ebenso wie der katholischen Kirche. Und für die gerade einmal sechsjährige Maria Theresia nicht nur das erste große Erlebnis, sondern auch ein schicksalhafter Wendepunkt in ihrem Leben.

Der Kaiserhof hatte sich schon Monate zuvor fieberhaft auf dieses Ereignis vorbereitet. Er war im Juni von Wien aus aufgebrochen. Ein riesiger Konvoi aus Wagen und Lasttieren bewegte sich in Richtung Böhmen, die Tagesetappen waren genau festgelegt. Ebenso die Ruhephasen, in denen sich die kaiserliche Familie auf ihren böhmischen Besitzungen aufhalten und der Kaiser seine geliebten Jagdausflüge unternehmen konnte. Im Hochsommer endlich war man in Prag angelangt und hatte die Burg auf dem Hradschin bezogen. Kaiser Karl VI. unternahm auch von hier aus mehrtägige Jagdausflüge. Als er am 14. August zurückkehrte, überraschte er seine beiden kleinen Töchter Maria Theresia und deren jüngere

Schwester Maria Anna mit einer verheißungsvollen Nachricht: Er habe ihnen einen Gespielen mitgebracht, scherzte er.

Die beiden Mädchen konnten es kaum erwarten, den versprochenen Spielgefährten kennenzulernen. Bis zum Abend mussten sie ihre Ungeduld aber zähmen. Dann endlich kam der große Augenblick. Die zwei kleinen Mädchen nahmen zu beiden Seiten ihrer Aja Aufstellung und blickten erwartungsvoll auf die hohe, reich mit Gold verzierte Flügeltür. Plötzlich wurde sie geöffnet, die Obersthofmeisterin der Kaiserin trat ein, verneigte sich tief und kündigte hohen Besuch an, den Erbprinzen von Lothringen. Gemessenen Schrittes trat ein Jüngling ein: ein bildhübscher Knabe mit lustigen dunkelblauen Augen und einem reizenden Lächeln um den kleinen Mund. Er verbeugte sich tief, küsste beiden Erzherzoginnen die Hand, trat einen Schritt zurück und blickte Maria Theresia tief in die Augen – da war es um sie geschehen.

Dass Franz Stephan der kaiserlichen Familie in Prag seine Aufwartung machte, war alles andere als Zufall. Zwischen den Häusern Habsburg und Lothringen bestanden seit Langem enge Beziehungen. Herzog Karl hatte in kaiserlichen Diensten in den Türkenkriegen entscheidende Siege errungen. Sein Sohn, Herzog Leopold, hatte seine jungen Jahre in Wien verbracht, er war mit seinen Vettern, den späteren Kaisern Joseph I. und Karl VI. aufgewachsen. Ihm war es schon aus politischen Gründen ein Anliegen, die Beziehung des stets von Frankreich bedrohten Herzogtums zum Haus Habsburg durch die Heirat eines seiner Söhne zu vertiefen.

Herzog Leopold war mit Elisabeth Charlotte von Bourbon verheiratet, der Tochter von Philipp I., Herzog von Orléans, dem Bruder des „Sonnenkönigs", und Liselotte von der Pfalz, der eifrigsten Briefschreiberin aller Zeiten. Das Paar hatte 13 Kinder, das Kindesalter überlebten aber nur vier. Für die Heirat mit einer Habsburgerin war Clemens vorgesehen, ein besonders hübscher, zu diesem Zeitpunkt 16 Jahre zählender junger Mann.

Im Frühsommer 1723 liefen in Lothringen bereits die Vorbereitungen für seine Reise nach Prag, da erkrankte der Erbprinz an den Pocken. Um seine verbliebenen Kinder vor der grausamen Krankheit zu schützen, flüchtete das Herzogpaar Hals über Kopf aus Lunéville und ließ den Todkranken im Schloss zurück. Dieser fiel, von Krämpfen geschüttelt, bald in ein Fieberdelirium und verstarb innerhalb kürzester Zeit.

Das Ende der Heiratspläne bedeutete dies aber nicht. Es gab ja Ersatz, den nunmehrigen Erbprinzen Franz Stephan, 15 Jahre alt. Der lothringische Gesandte in Wien wurde beim Kaiser vorstellig. Er schilderte den Kandidaten Nummer Zwei in so vorteilhaften Farben, dass der Kaiser schließlich auch mit der neuen Lösung einverstanden war und erklärte, Franz Stephan in Prag zu erwarten. Auch Prinz Eugen, die graue Eminenz im Staat, stimmte zu. Er gab sogar Ratschläge, wie sich der junge, als überaus lebhaft bekannte Erbprinz dem Kaiser gegenüber zu verhalten habe: Er solle seine Lebhaftigkeit zügeln, alle Vertraulichkeit vermeiden, dem Kaiser niemals Fragen stellen und so viel wie möglich deutsch sprechen …

Ein Erbprinz mit großen Ambitionen

Noch im Juni begannen in Lunéville – der Stadt, in die sich die Herzogsfamilie zurückgezogen hatte, nachdem die Hauptstadt Nancy immer wieder von französischen Truppen besetzt worden war – die Vorbereitungen für die Abreise des Erbprinzen. Die Garderobe musste neu angefertigt, Tonnen von Porzellan und Tafelsilber verladen und Tischwäsche bestellt werden. In der Prager Neustadt wurde für 300 Gulden monatlich ein kleines Stadtpalais angemietet. Da die dortigen 16 Appartements für den Erbprinzen und seine umfangreiche Begleitung jedoch nicht ausreichten, mussten im Nebenhaus für 60 Gulden weitere acht Zimmer besorgt werden.

Von Lunéville setzte sich indes ein langer Wagenzug in Bewegung. Alle beladen mit dem Hab und Gut des Erbprinzen, dazu feinste Kompotte und Konfitüren, beste französische Weine und, so nebenbei, die 74 Bände umfassende Studienbibliothek des jungen Herrn. Vier Wagen der Kolonne führten eine besondere Fracht: 4000 Liter der edelsten Rhein- und Moselweine, die unterwegs angekauft wurden – offenbar im Vertrauen darauf, dass ein guter Tropfen gelegentlich Wunder bewirken kann.

Am 1. August schließlich verließ der Erbprinz selbst seine Heimatstadt und machte sich an der Spitze von fünf großen Reisewagen auf den Weg. Begleitet wurde er von seinen Kammerherren, seinem Erzieher, seinem Beichtvater und den Kammerdienern. Das Ziel war Prag. Fürs Erste. Der große Zukunftsplan aber sah mehr vor: Heirat mit der Kasiertochter, und dann – die Römische Kaiserkrone.

Das erste Zusammentreffen mit dem Kaiser fand nicht in Prag selbst statt, sondern abseits des Trubels in Stille und Ruhe, in Horschowitz. Der Kaiser empfing den jungen Erbprinzen nach der Abendpirsch, umarmte ihn herzlich und war auf Anhieb von ihm angetan. Vor dem Zubettgehen notierte er in sein Tagebuch: „Prinz Lothringen find hibsch, wohl gewachs, manierlich redt Teutsch."[1]

Von diesem Tag an hatte der Kaiser einen neuen Jagdbegleiter, von dem er regelrecht hingerissen war. Immer wieder notierte er in sein Tagebuch, er sei lustig und herzig. Als Franz Stephan am 15. August der Orden vom Goldenen Vlies verliehen wurde, nannte ihn der Kaiser ein „lib fein Herrl". Und dieses war zu diesem Zeitpunkt mit der kleinen Erzherzogin Maria Theresia bereits seit einem Tag persönlich bekannt.

Während sich das kleine blonde Mädchen herzlich über den sympathischen „Spielgefährten" freute, gelang es diesem, das Herz ihres Vaters im Sturm zu erobern. Karl VI. hatte im Jahr zuvor seinen engsten Vertrauten, sein „einziges Herz, [s]einen Trost,

[s]einen Herzensfreund", Graf Michael Althan verloren, dieser war an den Pocken gestorben. Sein Tod hatte ihn schwer getroffen, hatte ihn sogar in Depressionen gestürzt. Der junge, heitere Franz Stephan half ihm über diesen schweren Verlust hinweg und ersetzte ihm den eigenen Sohn, den er so lange ersehnt hatte. An Lob sparte er nicht. Als er anlässlich der Krönungszeremonie an Herzog Leopold schrieb, versicherte er diesem, dessen Sohn sei, obwohl noch so zart von Jahren, vollkommen, in allem gescheit, manierlich und achtsam, bei allen Leuten beliebt und „admiriert".

Kaiser Karl VI. fühlte sich wohl in der Gesellschaft des jungen Lothringers. Zum zukünftigen Schwiegersohn erklärte er ihn offiziell aber noch nicht, er hoffte immer noch auf einen eigenen männlichen Nachkommen. Er gestattete ihm aber, in Wien am Hof bleiben zu dürfen und wies ihm Appartements im zweiten Stock des Leopoldinischen Trakts der Hofburg zu. Der offizielle Grund für den Aufenthalt des jungen Prinzen war seine Erziehung und Ausbildung. Zu seinem Hofstaat zählten außer Graf Cobenzl und General Neipperg die beiden Erzieher Baron Pfütschner und Appelationsrat Langer, ein Leibmedicus, ein Beichtvater, drei Kämmerer, vier Pagen, zahlreiche Lakaien und Stallknechte. In der Hofburg wohnten allerdings nur die beiden Erzieher, Pfütschner musste mit Franz Stephan im selben Zimmer schlafen, war er verhindert, hatte der erste Kammerherr einzuspringen.

Die Erzieher waren um ihre Aufgabe nicht zu beneiden. Wie Lefèbre, der Hofmeister Lothringens, nach einem Besuch in Wien berichtete, war Franz Stephan „ein liebenswürdiges Kind, aber erstaunlich unbändig. Er schien unfähig zu irgendeiner Art von Fleiß zu sein."[2]

Die 74 Bände der Studienbibliothek blieben lange in der Kiste, in die sie noch in Lothringen verpackt worden waren. Der von den Erziehern ausgearbeitete Stundenplan, in dem exakte Zeiten für das Erlernen von Latein und der „welschen Sprache", der mathemati-

Eine auffallende Schönheit: Maria Theresia als blutjunges Mädchen.

schen Wissenschaften und der „Reißkunst", der Weltbeschreibung und der Wappenkunst sowie für Übungen im Reiten und Fechten festgelegt waren, wurde nicht eingehalten. Termine für Examen mussten immer wieder verschoben werden.

Das lag nicht allein an dem jungen Prinzen. Der Kaiser liebte es, ihn vor allem bei der Jagd um sich zu haben. Und die folgte Jahr für Jahr einem genauen Schema: Von Ende April bis Ende Juni stand in Laxenburg die Reiher-Beize auf dem Programm, die

12

Attraktiv, charmant und lebenslustig: der junge „Erbprinz Franzl".

Sommerzeit verbrachte der Hof in der Favorita in Wien, ging in der Umgebung auf Hirschjagd und beschäftigte sich mit Preis-Scheibenschießen im Park. Anfang Oktober ging es nach Halbturn zur Hasen- und Fasanenjagd, von Ende Oktober bis Ende Dezember befand sich der Kaiser in der Hofburg, begab sich mit „Erbprinz Franzl" aber so gut wie täglich zur Sauhatz oder zu Treibjagden in der nahen Umgebung oder man „saß in der Brigittenau auf Schnepfen".

Angesichts dieser Aktivitäten blieb Franz Stephan nicht viel Zeit für das Studium. Dass seine Bildung wegen des turbulenten Hoflebens und der glanzvollen Verpflichtungen zu kurz kam, dass er alle Arten von Vergnügungen ernsthafter Arbeit vorzog, spielte allerdings keine Rolle. Der Kaiser stieß sich nicht daran, dass er weder Deutsch noch Französisch fehlerlos schreiben konnte – und dies auch später nie lernte. Für ihn zählten seine Jagderfolge, und die waren beachtlich. So erlegte der junge Lothringer allein bei einer Hirschjagd in den Donauauen einmal an einem Tag 58 Stück, und bei einer Sauhatz in Purkersdorf brachte er 100 Wildschweine zur Strecke!

Im Fasching ging es in Wien hoch her. Da jagte eine turbulente Veranstaltung die andere, es gab Bälle, Kindertheater, Musik-, Theater- und Opernaufführungen und Maskeraden, bei denen das Kaiserpaar stets als Wirt und Wirtin auftrat. Franz Stephan kostümierte sich als böhmischer Bauer und Maria Theresia als Kranzljungfer. Die beiden tanzten oft und gern miteinander. Und Franz Stephan erwies sich als galant und charmant, als ein junger Mann zum Verlieben. Noch stand dem Glück des jungen Paars allerdings viel im Weg.

Anfang 1729 wurden Franz Stephans Studien und seine Ausbildung für beendet erklärt. Damit fiel der offizielle Grund seines Aufenthalts in Wien weg. Der wahre Grund lag aber in außenpolitischen Überlegungen. Kaiser Karl VI. hatte die Hoffnung auf einen männlichen Erben endgültig aufgegeben. Jetzt kämpfte er um Anerkennung der „Pragmatischen Sanktion". Diese sah die Unteilbarkeit und Untrennbarkeit der österreichischen Länder vor und zudem, dass für den Fall des Aussterbens des direkten habsburgischen Mannesstammes auch die Töchter des Kaisers und deren Nachkommen erbberechtigt sein sollten. Das rückte die nunmehr zwölfjährige Maria Theresia in den Blickpunkt des europäischen Interesses. Ihr Ehemann würde ein österreichischer Prinzgemahl

sein und römisch-deutscher Kaiser werden. Entsprechend groß war
die Zahl der Bewerber um ihre Hand.

Heiratspolitik

Kaiser Karl VI. hielt zwar an seinem Plan, Maria Theresia mit Franz
Stephan zu verheiraten insgeheim fest, es galt aber auch, andere
Optionen in Betracht zu ziehen. Eine betraf den Erben von Portugal, einer anderen zufolge sollte Maria Theresia Don Carlos, den
Thronfolger von Spanien heiraten, und ihre jüngere Schwester Marianne dessen Bruder Don Philipp. Prinz Eugen hingegen riet zu
einem Wittelsbacher Kurprinzen.

Ausgerechnet zu diesem Zeitpunkt erreichte Anfang April
1729 den nunmehr 21-jährigen Franz Stephan eine ebenso über-
raschende wie erschütternde Nachricht: In Lothringen war Herzog
Leopold verstorben. Franz Stephan begab sich zum Kaiser, dieser
umarmte ihn gerührt und versicherte ihm einmal mehr, an ihm
Vaterstelle zu vertreten. Eigentlich hätte Franz Stephan bald nach
Lothringen abreisen müssen, um dort seine Nachfolge als Herzog
anzutreten. Er ließ sich aber Zeit. Konnte er sich nur schwer von
seiner langjährigen „Gespielin" Maria Theresia trennen? Wollte er
sich ihrer sicher sein? Er schob seine Abreise jedenfalls immer wieder
hinaus. Ein halbes Jahr lang. Bis zum 9. November 1729. Da ver-
abschiedete er sich endlich „unter Tränen auf das allerzärtlichste"
von der kaiserlichen Familie und reiste ab.

Vielleicht war es dieser Abschied, der Maria Theresia Klarheit
über ihre Gefühle zu Franz Stephan verschaffte. Von nun an setzte
sie jedenfalls alles daran, ihren „Franzl" so schnell wie möglich zu-
rückzubekommen.

Maria Theresia wuchs zu einer hinreißenden jungen Dame he-
ran. Dass die hübsche und lebenslustige Erbtochter in den jungen

Lothringer verliebt war, konnte bald niemand mehr übersehen. Maria Karolina Fuchs, die Aja der Erbprinzessin, die sie ihr Leben lang begleitete und die übrigens als einzige Nicht-Habsburgerin in der Kapuzinergruft ihre letzte Ruhe fand, war jene Vertraute, der Maria Theresia ihr Herz am häufigsten ausschüttete. Sie setzte sich für eine Verbindung ihres Schützlings mit dem Lothringer ein, und auch die Kaiserin selbst sprach sich für diese Beziehung aus.

Während die „alliierten Damen" in Wien bereits heimlich Pläne schmiedeten und die Verbindung des Lothringers mit der Kaisertochter in Diplomatenkreisen als „grande affaire" gehandelt wurde, lehnte es der Kaiser nach wie vor ab, sich festzulegen. Er erwies sich einmal mehr als „Imperator Carolus Cunctator", als „Zögerer". Franz Stephan aber blieb unter strengster Beobachtung. Er fuhr vorerst über Prag nach Lothringen und begab sich dann auf Reisen. Seine Feuertaufe als Diplomat absolvierte er in Paris, wo er zu seiner größten Überraschung in Versailles von König Ludwig XV. äußerst wohlwollend empfangen wurde. Dann ging es weiter nach Brüssel und in die Niederlande. Obwohl Franz Stephan immer wieder auf eine Rückkehr an den Wiener Hof drängte, wurde dies abgelehnt. Und Maria Theresia musste sich inzwischen mit einem Bild von Franz Stephan begnügen, und mit Briefen und kleinen Geschenken, mit denen sich dieser bei „Mami Fuchs" und der Kaiserin in Erinnerung zu halten suchte – an „Thereserl" selbst durfte er ja nicht schreiben.

Der Wiener Hof setzte nach wie vor alles daran, ja nicht den Verdacht aufkommen zu lassen, der Kaiser hätte sich für den Herzog von Lothringen als seinen Schwiegersohn entschieden. Man setzte auf Zeitgewinn, gab Franz Stephan zu verstehen, er müsse sich in Geduld üben und legte ihm Reisen nahe. Diese gerieten zu mehr als einer üblichen, der Bildung dienenden „Kavalierstour". Sie waren nichts weniger als ein hochpolitisches Unterfangen, das exakt nach Direktive des Kaisers ablief. Franz Stephan reiste nach seinem

Besuch in den Niederlanden in großer Begleitung nach London zu König George II. und schließlich nach Berlin zum Preußenkönig Friedrich Wilhelm I., wo er den klaren Auftrag hatte, freundschaftliche Beziehungen zum Thronfolger, dem Kronprinzen Friedrich anzuknüpfen. Auch eine Visite beim Kurfürsten von Mainz stand auf dem Plan, da dessen Stimme bei der Wahl zum Römischen Kaiser von entscheidender Bedeutung war.

Obwohl Franz Stephan „incognito" reiste, wurde er überall als präsumtiver Schwiegersohn des Kaisers betrachtet und entsprechend hofiert. Sowohl der König von England als auch jener von Preußen überschütteten den ebenso hübschen wie liebenswürdigen Charmeur mit Ehrbezeigungen und glanzvollen Veranstaltungen zu seiner Unterhaltung.

Entscheidende Bedeutung kam dem Aufenthalt in Brüssel zu. Dort wurde Franz Stephan im Juni 1731 in eine Freimaurerloge aufgenommen, er erhielt die damals üblichen Grade und wurde mit den freimaurerischen Prinzipien Freiheit, Gleichheit, Brüderlichkeit, Toleranz und Humanität vertraut gemacht. Bei seinem Aufenthalt in England nahm er dann im November und Dezember an Arbeiten in Freimaurerlogen teil, die sich zu jener Zeit intensiv mit der Förderung der Wissenschaften beschäftigten, und wurde in den Meistergrad erhoben. Die englische Großloge fühlte sich dadurch hochgeehrt. Sie brachte die Gesundheit des „Bruders Lothringen" lange als offiziellen Trinkspruch aus und benannte auch eine Loge nach ihm. Obwohl er sich dem Gedankengut der Freimaurer und der aufkeimenden Aufklärung später verbunden fühlte, gibt es keine Beweise dafür, dass er später in Wien Mitglied einer Loge gewesen wäre.

Der Kaiser in Wien wurde über jeden Schritt Franz Stephans unterrichtet, er verfolgte seine Reisen mit großer Sorge um seine Gesundheit und Sicherheit. Zu einer offiziellen Stellungnahme in der „grande affaire" aber konnte er sich noch immer nicht entschließen. Prinz Eugen wurde eingeschaltet. 1732 kehrte Franz Stephan nach Wien zurück, im Gepäck jede Menge Golddukaten, Wechsel und Kreditbriefe – ein für den Kaiser nicht zu unterschätzendes Mitbringsel. Franz Stephan wurde zum Statthalter von Ungarn ernannt und bezog seine „Residenz", die Burg von Pressburg. Da platzte im Februar 1733 die Bombe: König August II. von Polen starb. Seine Nachfolge war nicht geregelt. Frankreich beanspruchte den Thron für den Schwiegervater König Ludwigs XV., Stanislaus Leszczyński, außerdem griff es wieder einmal nach Lothringen. Der Polnische Erbfolgekrieg (1733-1738) brach aus.

Während am Rhein und in Italien heftig gekämpft wurde, verlief das Leben am Wiener Hof auch in den folgenden Monaten nach dem gewohnten Rhythmus. Der Kaiser ging wie immer zur Jagd und man feierte die durch das Zeremoniell festgelegten Feste. Franz Stephan durfte oft aus Pressburg nach Wien kommen, er fand in der kaiserlichen Familie Trost für seine Sorgen um sein Heimatland. Dass die nunmehr 16-jährige Maria Theresia Feuer und Flamme für ihn war, konnte jedermann sehen. Der englische Gesandte Robinson notierte: „Trotz ihrer starken Seele hegt sie eine zärtliche Liebe zu dem Herzog von Lothringen. Des Nachts sieht sie ihn im Traume, und am Tage unterhält sie ihre Hofdame nur von ihm, so daß es nicht wahrscheinlich ist, daß sie den Mann jemals vergessen wird, den sie für sich geboren glaubt …"[3]

Prinz Eugen war alt und krank, er konnte Österreich keinen Sieg mehr bescheren. So geriet der Polnische Erbfolgekrieg für das Haus Habsburg zu einer schweren Niederlage. 1735 wurden in einem Separatfrieden mit Frankreich die Weichen neu gestellt. Leszczyński sollte die Herzogtümer Lothringen und Bar erhalten, Franz Stephan als Entschädigung das Großherzogtum Toskana. Jetzt hieß es eine Entscheidung treffen: Lothringen oder die Hand der Erbtochter. Dreimal soll Franz Stephan die Feder zur Unterzeichnung des Abkommens auf den Boden geschleudert haben.

Dreimal soll sie Johann Christoph Freiherr von Bartenstein, der Berater des Kaisers, aufgehoben und ihm wieder in die Hand gedrückt haben. Schließlich unterschrieb er. Er trat Lothringen ab, nahm das Großherzogtum Toskana an und durfte offiziell um die Hand Maria Theresias anhalten. Dies geschah am 30. Jänner 1736.

Endlich Hochzeit!

Schon die Verlobung am Tag darauf ging als überaus glänzendes Ereignis über die Bühne. Dem Protokoll entsprechend folgte auf die Verlobung eine Trennungszeit des Brautpaars. Franz Stephan hatte die Tage bis zur Hochzeit in Pressburg zu verbringen. Es waren nicht allzu viele. Um die Jahreswende 1735/36 hatte sich der Gesundheitszustand von Prinz Eugen dramatisch verschlechtert. Mit seinem Ableben und der darauf folgenden Staatstrauer musste jeden Tag gerechnet werden. Also wurde der Hochzeitstermin eilig auf den 12. Februar festgelegt.

Während der knapp zwei Wochen dauernden Trennung tummelten sich zwischen Pressburg und Wien Kuriere mit Briefen des Brautpaars. Maria Theresia schrieb an den „durchleuchtigsten Herzog, villgeliebten Bräutigamb" Liebesbriefe wie: „Ich bin Ihnen unendlich verbunden für Ihre Aufmerksamkeit, mir Nachrichten von sich zu geben, denn ich war in Sorge wie eine arme Hündin … Adieu, Mäusl, ich umarme Sie von ganzem Herzen, schonen Sie sich recht, adieu caro viso, ich bin die Ihrige …" Er antwortete seiner Braut: „Nachdem mir von Ihro May. dem Kayser die allerhöchste erlaubnis gegeben worden, Ew. Lbd. zu schreiben, so kann ich nicht länger warthen, von diesen Gnaden zu profitiren und Ew. Lbd. zu versichern, das mir nichts harters ankombt, als dieses schrifftlich zu thuen und mich selbst zu Dero Füßen zu legen nicht erlaubt seye, wie es E.L. nicht schwer zu glauben seyn wird, indeme

Eines der Prunkbetten Maria Theresias. Auch wenn er es sich noch so wünschte, für Franz Stephan gab es später aus dem „goldenen Käfig" kein Entrinnen.

die allerliebste braut persuadirt sein wird, das kein Bräutigamb in der weld mit mehrere ergebenheith und respect seyn kann …"[4]

In Wien liefen inzwischen die Hochzeitsvorbereitungen auf Hochtouren. Ganz Barockkaiser, bestand Karl VI. auf größtmöglicher Prachtentfaltung. Er hatte aus Paris große Mengen kostbarer Stoffe und Schmuckgegenstände bringen lassen, 136 Gold- und Silbersticker waren aufgenommen worden, die nun Tag und Nacht arbeiten mussten. Entsprechend glänzend ging die Hochzeitsfeier über die Bühne.

20

Die Zeremonie fand in der prachtvoll geschmückten Augustinerkirche statt. Ein schöneres Paar hatte es zuvor wohl nie gegeben. Maria Theresia leistete den Schwur „Für immer und ewig!" in einem silbernen Kleid, dessen Schleppe nicht wie sonst üblich von Pagen, sondern von Gräfin Fuchs getragen wurde. Der Bräutigam trat ganz in Weiß vor den Traualtar und sprach sein Ja auf Lateinisch: „Volo!" Ein Bild auf dem Altar drückte die große Hoffnung aus, die sich an diese Hochzeit knüpfte: Aus dem Himmel wird der Ehering herabgereicht und Gott erteilt seinen Segen zu erwünschten männlichen Nachkommen.

Prinz Eugen durfte die Hochzeit noch miterleben. Er schrieb am 23. März 1736 an einen Freund: „Die Verbindung des lothringisch-österreichischen Stammes in dem neuen Ehepaare war der froheste Tag meines Lebens, besonders da sich dieses Ereignis auf den Frieden mit Frankreich und auf die von allen europäischen Staaten verbürgte pragmatische Sanktion gründet."[5] Es war allerdings die letzte Freude, die ihm vergönnt war. Er starb wenige Wochen darauf, am 21. April.

Das frisch vermählte Paar erbat auf einer Wallfahrt nach Mariazell mit zwei goldenen, von Lorbeer umschlungenen Herzen reichen Kindersegen. Die Gnadenmutter erhörte ihre Bitten. Maria Theresia brachte im Laufe der Ehe 16 Kinder zur Welt, elf Mädchen und fünf Knaben. Drei starben als Kleinkinder, drei als Jugendliche. Zwei Söhne wurden Kaiser.

Franz Stephans Situation war nach der Hochzeit alles andere als rosig. Mit der Abtretung Lothringens war er zum Herzog ohne Herzogtum geworden. Das gnadenlose spanische Zeremoniell wies ihm den Rang hinter der letzten Erzherzogin zu. Und auch die Stimmung im Volk war alles andere als freundlich. Als in Wien immer mehr Lothringer auftauchten, erinnerte man sich an die schlechten Erfahrungen, die man mit den Spaniern im Gefolge Karls VI. gemacht hatte und schmähte ihn als „Franzosenfreund".

Als 1737 ein neuer Türkenkrieg ausbrach, sah Franz Stephan die Chance, seine Position zu festigen und endlich Anerkennung zu finden. Gemeinsam mit seinem Bruder Karl zog er in den Krieg – allerdings nicht, ohne auf Bequemlichkeiten zu verzichten. Eine endlose Karawane von Pferdegespannen transportierte für ihn und seine Suite unverzichtbare Dinge wie drei große Zelte, einen Baldachin, 24 (!) Lehnsessel, zwei Packwagen mit Wein und einen mit Trinkwasser vom Kahlenberg an den Kriegsschauplatz. Zu einem Sieg allerdings verhalf das alles nicht. Als Franz Stephan erkannte, dass mit keinem Erfolg zu rechnen sei, verließ er die Armee und kehrte Anfang September nach Wien zurück. Die gegen ihn gerichtete Stimmung hatte diese Aktion nicht verbessert. Ebenso wenig wie der Umstand, dass ihn der Kaiser auf Anraten Bartensteins in die „geheime Konferenz" berief, ihn zum Generalissimus des kaiserlichen Heeres ernannte und ihm den Oberbefehl im Feldzug gegen die Türken im kommenden Jahr übertrug. Ein Fehler, der sich bald bitter rächen sollte.

Franz Stephan war kein Feldherr, die Popularität eines Türkenbesiegers konnte er nie erlangen, auch der zweite Feldzug endete mit einer Niederlage, er kehrte krank und deprimiert nach Wien zurück und sah sich mit nichts als Vorwürfen konfrontiert. Und als schließlich das zweite Kind des Paars geboren wurde und wieder „nur" ein Mädchen war, schlug Franz Stephan erst recht der kalte Wind der Ablehnung ins Gesicht. Die gewohnt scharfzüngigen Wiener überschütteten ihn mit Spott und Hohn. Da hielt es der Kaiser für angebracht, das junge Paar in die Toskana zu entsenden – offiziell, um das Großherzogtum in Besitz zu nehmen.

Die Reise in die Toskana geriet zu einem vollen Erfolg. Das lag aber weniger an Franz Stephan als an Maria Theresia, die mit ihrer Offenheit und Liebenswürdigkeit die Herzen im Sturm eroberte. Da Maria Theresia wieder guter Hoffnung war, drängte sie jedoch auf Rückkehr und das Paar traf im Mai 1739 wieder in

Wien ein. Ungewöhnlich für die damalige Zeit hatte es weder einen eigenen Palast noch eine eigene Hofhaltung. Maria Theresia und Franz Stephan lebten integriert in der kaiserlichen Familie und führten ein Schattendasein. Angesichts der Widerstände, die seinem Schwiegersohn immer und überall entgegenschlugen, als auch das dritte Kind des Paars „nur" ein Mädchen war, hielt es Kaiser Karl VI. auch für angebracht, sie nicht ins Blickfeld der Öffentlichkeit zu rücken. Und nicht nur das. Er hielt sie weitgehend von den Staatsgeschäften fern und gewährte seiner „Erbtochter" auch keinerlei Einblicke.

Vom Mitregenten zum Kaiser

Gerade das aber sollte sich als entscheidender Fehler herausstellen. Kaiser Karl VI. verstarb am 20. Oktober 1740 unerwartet, und die gerade 23-jährige, völlig unerfahrene Maria Theresia sah sich mit der Aufgabe konfrontiert, die Regierung übernehmen zu müssen. Sie ernannte Franz Stephan zu ihrem Mitregenten – stellte aber von Anfang an klar, dass die Regierung der Erblande nur ihr zustehen sollte. Um ihn in ihren Rang zu erheben, betrieb sie vom ersten Tag ihrer Regierung an seine Wahl zum Römischen Kaiser, sie wandte sich in dieser Sache sogar noch im November persönlich an den Preußenkönig.

König Friedrich II. aber hatte andere Pläne. Knapp zwei Monate nach dem Tod Kaiser Karls VI. rückte er in Schlesien ein. Franz Stephan, immer gutmütig und zur Versöhnung bereit, sprach sich vehement dafür aus, mit dem Preußenkönig in Verhandlungen zu treten und eine friedliche Lösung herbeizuführen – wodurch ihm übrigens auch die Kaiserkrone näher gerückt wäre. Spätestens jetzt aber musste er erkennen, wer im Hause Habsburg das Sagen hatte. Maria Theresia bestand darauf, sich gegen das „Ungeheuer" aus dem Norden mit aller Kraft zur Wehr zu setzen. Der Österreichische Erbfolgekrieg (1740-1748) brach aus.

Maria Theresia wäre ihrem Todfeind am liebsten selbst mit dem Schwert in der Hand gegenübergetreten. Das war aber schon allein aus dem Grund nicht möglich, dass sie wieder guter Hoffnung war. Am 13. März endlich kam der so lang erhoffte und ersehnte Thronfolger zur Welt. Der Kronprinz wurde auf den Namen Joseph getauft und endlich konnte das Volk jubeln: „Jetzt hat Österreich die Hosen an!"

Die Freude wurde bald getrübt. Gegen Österreich bildete sich eine starke Allianz, man war sich einig, bei der Wahl zum Römischen Kaiser für Karl Albrecht von Bayern zu stimmen, unaufhaltsam rückten Truppen näher. Franz Stephan riet zur Nachgiebigkeit. Maria Theresia aber blieb hart. Sie hoffte auf Ungarn als starken Verbündeten. Im Juni 1741 ließ sie sich in Pressburg zum „ungarischen König" krönen. Während ihr unter dem Jubel der Bevölkerung der Ritterschlag erteilt wurde und sie ihren Eid leistete, vertrieb sich ein einsamer Mann in den Seitengässchen der Stadt die Zeit bei einem Spaziergang: Franz Stephan. Er war nur „incognito" dabei. Und auch beim feierlichen Krönungsmahl durfte er nicht an der Seite seiner Gattin sitzen. Sein Platz war am äußersten Ende der Tafel, hinter den Erzherzoginnen. Das Zeremoniell wollte es so.

Maria Theresia entwickelte sich nach der Königskrönung zu einer selbstbewussten, ganz auf sich gestellten Herrscherin. Im völligen Alleingang pendelte sie angesichts der immer näher rückenden Gefahr – Linz war schon gefallen – zwischen Wien und Pressburg hin und her, um den Widerstand zu organisieren. Für Franz Stephan hingegen liefen die Dinge alles andere als gut. Die Bemühungen, ihn zum Römischen Kaiser zu machen, waren gescheitert. Da unternahm Franz Stephan einen neuerlichen Versuch, seine Position zumindest als Feldherr zu festigen.

24

Er zog im November gemeinsam mit Graf Wilhelm Reinhard Neipperg, seinem einstigen Erzieher, der von Kaiser Karl VI. wegen eines ohne Vollmacht geschlossenen Friedens mit den Türken zu einer Festungshaft verurteilt, von Maria Theresia jedoch umgehend rehabilitiert worden war, an den böhmischen Kriegsschauplatz. Auch diesmal war ihm kein Kriegsglück beschert. Der Feldzug endete mit dem Verlust von Prag. Franz Stephan ließ jedoch die Niederlage nicht lange auf sich sitzen. Anfang 1742 beteiligte er sich unter dem Kommando des Grafen Khevenhüller an der Offensive zur Befreiung Oberösterreichs. Just zu dieser Zeit wurde Karl Albrecht von Bayern zum Römischen Kaiser gewählt. Aus der Traum also für Maria Theresia und Franz Stephan. Vorerst zumindest.

Während an den Fronten weiter heftig gekämpft wurde, verlief in Wien das Leben bei Hof wie zu Zeiten Karl VI., vielleicht sogar noch etwas lustiger. Franz Stephan versuchte sich noch mehrmals als Feldherr, zuletzt ganz gegen den Willen seiner Frau, Glück war ihm aber nie beschieden. Erfolg hatte er auf ganz andere Art: Er liebte Geselligkeit, verstand es wie kein anderer, durch Musik, Theater, Tanzveranstaltungen und Bälle für Unterhaltung zu sorgen. An keinem anderen europäischen Hof war so viel Lebensfreude zu spüren wie in Wien.

Daran, dass das Regieren einzig und allein ihre Sache war, ließ Maria Theresia nie Zweifel aufkommen. Ihren Mitregenten schob sie rasch aufs Abstellgleis, und so hatte er eigentlich nichts zu tun. Das aber weckte bei Maria Theresia die Angst, er könnte unter Langeweile leiden. Sie nahm ihre Mahlzeiten liebend gern ungestört und allein ein, ihrem „Alten" zuliebe veranstaltete sie aber dreimal die Woche Diners und Soupers, zu denen 18 bis 20 Personen geladen wurden. Dabei ging es nie steif zu, eher „familiär". Nach dem Essen plauderte Franz Stephan gerne lang und ausführlich und dann wurde gespielt, eine Partie Piquet, L'Hombre oder Quindici.

Franz Stephan war ein Familienmensch, er liebte seine Kinder über alles. Während Maria Theresia an ihnen immer etwas zu kritisieren hatte und einige ganz deutlich bevorzugte, war er allen ein gleich verständnisvoller und zärtlicher Vater. Er liebte es, mit den Kleinen zu spielen, regte sie zu künstlerischen Tätigkeiten an und verbrachte mit ihnen in Hausrock und Schlappen Abende wie ein ganz normaler Familienvater.

Als Kaiser Karl VII. im Jänner 1745 unerwartet starb, eröffneten sich für Franz Stephan neue Perspektiven: Die Kaiserkrone rückte für ihn doch noch in greifbare Nähe. Tatsächlich wurde er im September 1745 zum Kaiser gewählt. So groß die Freude darüber auch war, privat verursachte die bevorstehende Würde einen Hauskrach ersten Ranges. Franz Stephan wünschte, dass sich auch Maria Theresia in Frankfurt krönen lassen sollte – als Kaisergattin. Das aber lehnte die „selbstregierende Königin von Ungarn" entschieden ab. Eine Nebenrolle zu spielen kam für sie nicht in Frage. Maria Theresia reiste zwar nach Frankfurt und beobachtete die pompöse Zeremonie vom nahe dem Dom gelegenen Gasthof „Zum Römischen Kaiser" aus, sie selbst aber ließ sich die Kaiserkrone nicht aufs Haupt setzen – und erlangte damit auch nie den Titel „Kaiserin".

Mit der Krönung Franz Stephans zum Kaiser Franz I. wurde Wien wieder zum Kaiserhof. In der Hofburg regierten nun zwei souveräne Chefs ihrer Häuser: Der Lothringer Franz Stephan als Kaiser des Heiligen Römischen Reiches und die Habsburgerin Maria Theresia als Königin von Ungarn und Böhmen. Das waren staatsrechtlich streng getrennte Funktionen. Sie zogen eine Verdoppelung des Zeremoniells nach sich und hatten den Nachteil, dass die Partner an den Geschäften des jeweils anderen nicht teilhaben konnten. Und wenn aus irgendeinem Grund doch, dann musste es „incognito" geschehen. Oder geheim. Wollte Maria Theresia ihrem „Alten" beim Regieren zusehen, musste sie Löcher in Türen bohren lassen – eine Notlösung, von der sie mehrmals Gebrauch machte.

Wie zuvor als Mitregent war Franz Stephan nun auch als Kaiser des Heiligen Römischen Reiches nicht wirklich ausgelastet. So fand er genügend Zeit, sich seinen eigentlichen Neigungen zu widmen. Er legte sich in der Wallnerstraße ein privates Refugium zu. Es kam oft vor, dass er gegen Abend den spanischen Hofmantel ablegte und sozusagen als Privatmann über den Kohlmarkt in die Wallnerstraße spazierte.

Galante Abenteuer und die Wissenschaft

Dass Franz Stephan „galante Abenteuer" hatte, steht außer Zweifel. Er liebte die Frauen, war ein ausgesprochener Charmeur und hatte schon in früher Jugend in Lothringen am Beispiel seines Vaters Herzog Leopold, der über Jahre eine ständige Mätresse hatte, erfahren, dass eine Ehe keine Verpflichtung zur Monogamie darstellte. So sehr er Maria Theresia auch achtete und obwohl er trotz ihrer oft harschen Zurechtweisungen stets bedacht war, ihr mit „douceur", mit Sanftheit und Zartheit, zu begegnen und das harmonische Zusammenleben als auf Nachsicht, Güte, Höflichkeit und Milde gründend betrachtete, sah er keinen Grund, auf Amouren zu verzichten.

Einmal riet ein Vertrauter Franz Stephan, nach Fürstenart ein eigenes Schlafgemach zu beanspruchen, doch Maria Theresia lehnte dies entrüstet ab. Franz Herre: „Die Frau wollte ihren Mann für sich allein und immer und ewig um sich haben, und die Alleinherrscherin neigte dazu, auch ihren Prinzgemahl zu beherrschen. Ihr leidenschaftliches Temperament verschaffte dem Gatten eheliche Freuden, aber dem Gemahl manches häusliche Ungemach …"[6]

Franz Stephan suchte den heiteren Lebensgenuss und fand ihn in flüchtigen Amouren. Lang zu suchen brauchte er nicht, unter Maria Theresias Hofdamen waren die elegantesten und schönsten

Frauen des Landes. Ein beliebtes „Jagdrevier" war auch das Theater. Dort musterte er von seiner Loge aus „mit dem Perspektiv in der Hand" die Galerien oder ein neues Ballett. In den Pausen ging er gerne von Loge zu Loge, begrüßte Damen – und vereinbarte geheime Rendezvous. Oft begab er sich auch incognito auf die „Pirsch", verriet sich dabei aber zur Heiterkeit der Anwesenden durch sein stadtbekanntes Hüsteln. Amüsements dieser Art nahm seine fast ständig schwangere Gattin noch relativ gelassen hin. Es gab zwar hin und wieder einen heftigen, lautstark ausgetragenen Hauskrach, die Wogen glätteten sich aber jedes Mal rasch.

Als sich jedoch der Kaiser eine feste Mätresse zulegte, brachte das Maria Theresia fast um den Verstand. Franz Stephans Auserwählte war die schöne, verschwenderisch-üppige Maria Wilhelmina von Neipperg, die Tochter seines vormaligen Erziehers und späteren Kampfgefährten. Maria Wilhelmina war im Alter von 16 Jahren als Hofdame nach Schönbrunn gekommen. Wegen ihrer auffallenden Schönheit wurde sie „la belle princesse" genannt. Die Zeitgenossen waren voll des Lobes über sie: Sie sei von mittlerer Gestalt gewesen, ihr Teint ein hellbrauner, ihre Augen grau, ihr Haar kastanienbraun, üppig und glänzend, sie brauche bloß irgendwo zu erscheinen, um bewundert und geliebt zu werden, sie erwecke Liebe, ohne bei ihrem Geschlecht zu Neid und Eifersucht zu reizen.

Gerade Letzteres war bei Weitem untertrieben. Maria Theresia schäumte vor Wut. Angeblich soll sie nicht einmal davor zurückgeschreckt sein, das Paar heimlich zu verfolgen, um es „in flagranti" zu erwischen. Sie soll es auch gewesen sein, die darauf bestand, dass die um 21 Jahre jüngere Rivalin unter die Haube kam und mit Adam von Auersperg verheiratet wurde. Den verliebten Kaiser schreckte dies aber nicht ab. Wie sogar Khevenhüller im Mai 1757 notierte, organisierte er weiterhin kleine Ausflüge mit der Schönen. Und nicht nur das, er soupierte gerne mit ihr, besuchte sie in ihrer Theaterloge, bezahlte ihre – beträchtlichen – Spielschulden und schenkte ihr eine Villa nahe des Laxenburger Schlosses, um sie stets in seiner Nähe zu haben. Dagegen war Maria Theresia machtlos. Sie liebte ihren „Franzl" heiß und rang sich mühsam zu der Einsicht durch, die sie 1766, nach dessen Tod, ihrer Tochter Marie Christine als Rat in die Ehe mitgab: „Je mehr Freiheit Ihr Eurem Gemahl lasset (…), umso begehrenswerter werdet Ihr für ihn sein (…)."[7]

Die Erfahrung, dass bei ihrem „Franzl" weder Herzen und Liebkosen, noch Schmollen und Tränen oder sogar lautstarke Szenen etwas fruchteten, blieb Maria Theresia nicht erspart. Franz Stephan fand immer wieder Gelegenheit, „auszubüchsen" und seine Amouren auszuleben. Viele davon blieben geheim, wie jene zu der schönen Beatrice de Ligneville, mit der er viele Jahre freundschaftlich verkehrte. Andere wieder blieben nicht ohne Folgen. Da gab es zum Beispiel einen jungen Mann namens Franz d'Arbogars aus Florenz, für dessen Ausbildung in Kremsmünster sich der Kaiser höchst persönlich einsetzte und dessen Mutter von ihm eine lebenslange Rente bezog.

Franz Stephan wurde später oft als gemütlicher, genussorientierter Phlegmatiker dargestellt, der um ernsthafte Arbeit einen weiten Bogen gemacht und unter seiner Kaiserwürde ebenso gelitten habe wie unter Prozessionen und Zeremonien – kurz, der seine Repräsentationspflichten als Last empfunden habe. Das trifft zwar zu, aber nur teilweise. Er lebte in zwei Welten. In der Hofburg mit oberflächlichem Geplauder, Familienleben, Musik und Tanz, wo ihm seine mit den Jahren immer selbstbewusstere, das Herrschen genüsslich auskostende Frau die Rolle des völlig einflusslosen Mitregenten zuwies. Und in seinem Palais in der Wallnerstraße als Förderer von Wissenschaft und Kunst, als hochkarätiger Sammler, als höchst erfolgreicher Unternehmer, ja sogar als Finanzgenie.

Franz Stephan hatte zu Geld ein nahezu erotisches Verhältnis. Ihm gelang es, durch geschickte Finanztransaktionen ein gigantisches Vermögen zu erwirtschaften. Er investierte Geld in kommer-

Das monumentale Kaiserbild, heute Blickfang am Treppenabsatz des Naturhistorischen Museums, zeigt Franz Stephan in seinem Palais in der Wallnerstraße umgeben von Gelehrten. V.l.n.r.: Gerard van Swieten, Direktor der Hofbibliothek, Jean Baillou, erster Direktor des Naturalienkabinetts, Valentin Jamery-Duval, Direktor des Münzkabinetts, und Abbé Johann Marcy, Direktor des physikalischen Kabinetts.

zielle und industrielle Unternehmungen und machte seine Güter in Holitsch (heute Holíč) und Sassin (heute Šaštín) zu landwirtschaftlichen Musterbetrieben. Er erweiterte seinen Grundbesitz laufend, betrieb Manufakturen, gründete eine Kattun- und eine Majolikafabrik und eine Weberei, handelte mit Staatspapieren, spekulierte an der Börse, verlieh Geld und legte Gelder in den Banken von Venedig, Genua und Amsterdam an. Er schreckte auch vor dubiosen Aktionen nicht zurück, betrieb das einträgliche Geschäft einer Lotterie, belieferte das österreichische Heer mit Waffen, Munition und Uniformen und versorgte zu Wucherpreisen sogar das feindliche preußische Heer mit Proviant und Pferdefutter. So wurde er reich und immer reicher und legte den Grundstein für das Vermögen des Hauses Habsburg-Lothringen.

Seine Liebe zu Geld und Münzen äußerte sich auf besondere Weise: Er schenkte seinen Söhnen Ferdinand und Maximilian eigene Münzprägemaschinen, ließ ab 1751 den Maria-Theresien-Taler prägen, führte die so genannte „Conventionsmünze" ein, die zur Festigung der Staatsfinanzen beitrug und legte eine „Collection von Ducaten" an. Dabei ging es ihm aber nicht nur um den materiellen Wert, sondern auch um den wissenschaftlichen Hintergrund. Er beauftragte den französischen Numismatiker Valentin Jamery-Duval damit, die Sammlung aufzuarbeiten. Sie bildete die Basis für das kaiserliche Münzkabinett. Und mit dem Ankauf der Sammlung des zu seiner Zeit hoch angesehenen Jean Baillou begründete er das Hofmineralienkabinett.

Mit dem „Lothringischen Kreis", dem Freimaurer wie van Swieten angehörten, förderte Franz Stephan die Naturwissenschaften, in erster Linie aber solche, die Nutzen versprachen, wie Physik und Chemie. Am meisten interessierte ihn, eine Methode zu finden, wie man Gold und Silber gewinnen könnte. Mit diesem Ziel vor Augen experimentierte der Begründer des Naturalienkabinetts auch gern mit von Wasser und Dampf angetriebenen Maschinen.

Ein Betätigungsfeld ganz nach seinem Geschmack bot Franz Stephan Schönbrunn. Während sich Maria Theresia mit der Ausstattung der Räume des Schlosses beschäftigte, widmete er sich der Gestaltung des Parks. Mit großer Freude und Hingabe widmete er sich seiner Menagerie, er bevorzugte allerdings Vögel und Tiere, die nicht mit großen Mengen rohen Fleisches gefüttert werden mussten. Und für die kaiserlichen Lustgärten ließ er ganz im Sinne barocker Gartenkunst Pflanzen und Gewächse aus aller Welt kommen. Die meisten erhielt er von Nikolaus von Jacquin, der in seinem Auftrag 1755 bis 1759 eine Forschungsreise nach Amerika unternahm.

Rätsel gab schon immer der heute als „Kaiserpavillon" bezeichnete Bau auf. Das von außen zierlich wirkende Gebäude erhebt sich über einem ungewöhnlich mächtigen Kellergewölbe. Die dicken Mauern lassen vermuten, dass sich Franz Stephan hier eine „Alchemistenküche" einrichtete, in der er in Ruhe experimentieren konnte. Suchte er nach dem Stein der Weisen? Gerüchten zufolge soll er versucht haben, schwarze und weiße Diamanten mit Hilfe eines Parabolspiegels, der das Sonnenlicht bündelt, zu schmelzen – mit wenig Erfolg, denn aus den Edelsteinen wurden schwarze Klumpen, verkohlt und wertlos.

Franz Stephan war nie ernsthaft krank. Was ihm gelegentlich zu schaffen machte, waren „Kopffzustände", die mit Schwindel, Atemnot und Schlaflosigkeit einhergingen. Umso überraschender kam sein Tod. Die kaiserliche Familie war samt Hofstaat, in dem sich übrigens auch Wilhelmina Auersperg befand, im August 1765 zur Vermählung Erzherzog Leopolds mit der spanischen Infantin Ludovica nach Innsbruck gereist. Der Kaiser hatte die Hochzeitsfeierlichkeiten und die damit verbundenen Festlichkeiten und Unterhaltungen ohne Beschwerden mitgemacht. In der Nacht vom 17. auf den 18. schlief er „wegen Oppression der Brust und Wallungen" unruhig. Das hinderte ihn aber nicht, abends ins Theater zu gehen.

Nach dem Ende des Balletts brach er jedoch auf dem Rückweg in seine Appartements zusammen und starb innerhalb weniger Minuten im Beisein Josephs, vermutlich an Herzversagen.

Maria Theresia verlor nach diesem Schicksalsschlag ihre ganze Lebensfreude. Sie war fortan eine gebrochene Frau, die nur noch Schwarz trug.

Joseph II.

* 13. März 1741 in Wien
† 20. Februar 1790 in Wien

2. Kapitel
Joseph II.

Lang ersehnter Sohn, Kaiser, König und radikaler Reformer

„Du folgst nur Deinen Eingebungen
und Deinem Willen (...) und da man Dir
nicht widerspricht, so setzt Du Deinen Willen
auch in den meisten Fällen durch (...).“

Maria Theresia über ihr „Hauskreuz“ Joseph

Zu Jahresbeginn 1741 hätte die Lage in Österreich nicht schlimmer sein können. Nur wenige Wochen nach dem Tod Kaiser Karls VI. zeigte sich eine Koalition europäischer Mächte, allen voran Frankreich und Spanien, Bayern und Preußen, fest entschlossen, nach dem habsburgischen Erbe zu greifen. Und das zu einem Zeitpunkt, da sich Maria Theresia auch intern mit nahezu unüberwindlichen Schwierigkeiten konfrontiert sah: Die Staatskassen waren leer, die Minister überaltert und uneinig, die Stimmung im Volk auf einem Tiefpunkt, die kaiserliche Armee nach dem Tod von Prinz Eugen führungslos und die Landesgrenzen ungeschützt. Später sollte die Monarchin diese Zeit folgendermaßen beschreiben: „Niemand, glaube ich, wird dem widersprechen, daß nicht leicht ein Beispiel in der Geschichte zu finden ist, daß ein gekröntes Haupt unter schwereren und mißlicheren Umständen die Regierung angetreten habe als ich …“[8]

Maria Theresia trug zu Beginn des Jahres 1741 noch Schwarz. Sie betrauerte nicht nur den Tod ihres Vaters, sondern auch den ihrer jüngsten Tochter Karoline, die am 25. Jänner nur einjährig gestorben war. Damit hatte die erst 24-jährige Maria Theresia einen weiteren Schicksalsschlag zu verwinden, denn im Juni 1740 war

Elisabeth, das älteste ihrer drei Kinder, plötzlich gestorben. Umso mehr konzentrierten sich nun alle Hoffnungen auf das Kind, das sie jetzt erwartete. Nach drei Töchtern sollte es endlich ein Sohn werden: Maria Theresia betete zu Gott und dem heiligen Joseph.

Als am 13. März die Wehen einsetzten und Maria Theresia sich zum vierten Mal in den damals gebräuchlichen Gebärstuhl setzen ließ, war die Spannung kaum zu ertragen. Ärzte und Hebammen hatten sich versammelt, die Hofgesellschaft war vollzählig in der Hofburg eingetroffen, in der Hofkapelle hatte man das Allerheiligste ausgesetzt und in allen Kirchen wurde gebetet. Mit Erfolg. „Circa horam secundam", um etwa zwei Uhr morgens, erblickte ein gesunder, kräftiger Knabe das Licht der Welt. Er wurde noch am selben Tag auf die Namen Joseph Benedikt August Johann Anton Michael Adam getauft. Der Jubel war überbordend, in den Gassen erscholl „immerwährendes Jubel-Geschrey", die Hof-Musik ließ „Trompeten und Pauken-Schall" ertönen, die Stadtgarde feuerte die „dreimalige Lösung des kleinen Gewehrs"[9] ab und auf der Bastei donnerten Kanonenschüsse. Die Menschen feierten die Geburt des Thronfolgers wie eine Erlösung. Die frohe Botschaft verbreitete sich im ganzen Land wie ein Lauffeuer und wurde sogar in Rom vernommen. Der Papst schickte sogleich geweihte Windeln nach Wien.

Anfang September spitzte sich die Lage dramatisch zu. Bayern und Franzosen waren auf dem Vormarsch, sie näherten sich Wien unaufhaltsam, kamen der Residenzstadt bereits gefährlich nahe. Angesichts der prekären Lage wurde der kleine Joseph nach Pressburg in Sicherheit gebracht. Dort absolvierte er seinen ersten offiziellen Auftritt. Als Maria Theresia vor dem ungarischen Reichstag um Bereitstellung von Truppen bat, trug sie den kleinen Thronfolger im Arm. Und dieser schaute „flink wie ein Eichhörnchen" aus seinen Spitzendeckchen, wie Zeitgenossen berichteten.

Der Thronfolger: ein verwöhntes Kind

Joseph entwickelte sich zu einem lebhaften, munteren Kind. In der „Kindskammer" drehte sich bald alles nur noch um ihn. Das bekam Marianne, die einzige überlebende seiner drei Schwestern, schmerzlich zu spüren. Sie fühlte sich zurückgesetzt und begann zu kränkeln. Kein Wunder, musste sie doch zusehen, wie Joseph schon von zartestem Alter an ein Heer von dienstbeflissenen Menschen um sich hatte: Kammerdiener, Kammertürhüter, Kammerfrauen, Kammerdienerinnen, deren Diener und Dienerinnen und dazu „das" unentbehrliche „Kammermensch", die Putzfrau. Dass Joseph von seinen Eltern und dem Kammerpersonal regelrecht hofiert und verwöhnt wurde, bekam ihm schlecht. Sobald er sprechen konnte, war sein Lieblingssatz: „I mog net."

Als Sechsjähriger war Joseph ein außergewöhnlich hübsches Kind, an dem vor allem seine schönen blauen Augen auffielen. Sympathisch allerdings war er nicht. Er war schon in frühester Jugend sehr hochmütig und sich seines Wertes voll bewusst. Graf Podewils, der preußische Gesandte, beschrieb ihn in seinen Beobachtungen des Wiener Hofes als starrsinnig und trotzig und erwähnte, er lasse sich lieber einsperren oder zum Fasten verurteilen als um Verzeihung zu bitten: „Sein Ausdruck ist stolz und hochmütig und sein Wesen ebenfalls. Weit davon entfernt, ihn dafür zurechtzuweisen, bestärkt man ihn darin und erzieht ihn in dem alten Hochmut des Hauses Österreich. Er duzt alle Menschen, während selbst der Kaiser sie in der dritten Person anredet. (…) Er hat schon jetzt die höchste Vorstellung von seinem Rang", schrieb er und gab Maria Theresia indirekt die Schuld. „Sie lässt ihm viele Dinge, die sie tadeln müsste, hingehen, gibt sich jedoch manchmal den Anschein von Strenge."[10]

So wie Graf Tarouca für Maria Theresia einen genauen Stundenplan ausgearbeitet hatte, so reglementierte die „Übermutter" auch den Tagesablauf ihres Sohnes. Sie ließ dabei kein Detail aus, wünschte über alles und jedes informiert zu werden und bestand auf totaler Kontrolle. Dem Personal der „Kindskammer" erteilte sie exakte Anweisungen für Josephs Betreuung. Als Körperpflege war vorgesehen, dass er morgens und abends Mund und Hände zu waschen hatte und einmal wöchentlich die Füße. Der Zahnarzt sollte zweimal die Woche um halb acht Uhr früh erscheinen, um seine Zähne zu putzen und zu pflegen. Jede kleinste Veränderung, Schmerzen oder Empfindlichkeiten, musste augenblicklich gemeldet werden.

Maria Theresia sah ihren „Pepi" nicht ausschließlich durch die rosarote Brille. Sie beurteilte zwar seine Lebhaftigkeit positiv und stellte Anzeichen „eines guten Herzens" fest, erkannte aber auch die Schattenseiten seines Charakters und deren Ursachen. Als Joseph sieben Jahre alt war, verfasste sie im Winter 1748 für seinen Ajo Graf Batthyány eine detaillierte Instruktion. Darin erwähnt die besorgte Mutter die Mängel seines Charakters, dass er etwa seine Fehler nicht eingestehe, dass es ihm Freude mache, an „Jedermann" Fehler zu entdecken und sich darüber lustig zu machen, und dass er ein heftiges Verlangen habe, seinen Willen in allen kleinen Gelüsten zu erfüllen. Batthyánys Aufgaben umriss sie minutiös: Er solle ihm den Stuhl zurechtrücken und ihm das Handtuch reichen, wenn er mit seinen Schwestern – inzwischen waren Marie Christine, „Mimi", und Maria Elisabeth zur Welt gekommen – speise, einschenken jedoch sollten ihm seine Kammerdiener. So gründlich war die Frau Mama.

Mit dem neuen Ajo wurde es ernst für den altklugen und arroganten Joseph. Er besaß nun einen eigenen Hofstaat, war von Dutzenden Bediensteten umgeben und Graf Batthyány ließ nicht mit sich scherzen. Gehorsam, Disziplin und Frömmigkeit waren die Tugenden, die geübt werden sollten. Der Feldmarschall fasste den kleinen Wildfang, der zeitweise so unartig war, dass ihm seine

Mutter sogar die Rute androhte, hart an. Das wirkte, und zwar grundlegend. Joseph, der auf Wunsch seines Vaters schon mit sieben Jahren zum Obersten des Regiments Althann ernannt wurde, sollte sein Leben lang eine Vorliebe für alles Militärische behalten.

Konträre Folgewirkung zeigten hingegen die vielen religiösen Übungen auf Anweisung der Mutter: Der Tag müsse stets mit einem Gebet beginnen, am allerwichtigsten für ihren Sohn sei es, Gottes Allmacht anzuerkennen, ihn zu lieben und zu fürchten, und aus den „wahren christlichen Übungen und Schuldigkeiten alle übrigen Tugenden zu schöpfen …"[11] Gerade das weckte den Oppositionsgeist des Kindes am stärksten – und am nachhaltigsten.

Ausbildung zum Kaiser

Joseph wurde von seinem ersten Atemzug an in ein enges Korsett aus Überwachung und Betreuung, aus Vorschriften und Reglements gepresst. Sein Tagesablauf war minutiös durchgeplant, von frühmorgens 6:45 Uhr, vom Aufstehen und anschließendem Morgengebet bis zum Abend, an dem von 18:30 bis 19:30 Uhr Musik und Tanzunterricht auf dem Programm standen. Er wurde regelrecht gedrillt und hatte nie eine freie Minute für sich allein. Joseph erhielt Unterricht in Geschichte und Geografie, Arithmetik und Geometrie, Fechten und Tanz. Er büffelte Latein, sprach fließend Französisch, damals die Umgangssprache bei Hof, und dazu Italienisch, Tschechisch und Ungarisch. Und doch: Seine Lernerfolge genügten der strengen Frau Mutter nicht. Als er bei den Prüfungen, die viermal im Jahr abgehalten wurden, gewaltige Bildungslücken zeigte, zog Maria Theresia, die am eigenen Leib erfahren hatte, wie schwer es war, ohne die erforderliche Bildung ein Staatsgebilde wie die Habsburgermonarchie zu regieren, die Reißleine. Sie betraute Johann Christoph Bartenstein, den Leiter der Staats-

Mitglieder des Hauses Habsburg mussten ein Handwerk erlernen, Joseph
entschied sich für den Buchdruck. Graf Batthyány prüft das Ergebnis
seiner Arbeit an der Buchdruckerpresse.

kanzlei, mit der Aufgabe, Bildungsrichtlinien für den Thronfolger
auszuarbeiten.

Bartenstein ging mit großem Eifer ans Werk. Er verfasste his-
torische Lehrbücher, um Joseph die innere Struktur des Reiches
näherzubringen. Auch bei der Auswahl der Lehrer bewies er Geschick. Für Josephs späteres Leben am prägendsten sollte sich die
Bestellung des aus Thüringen stammenden Professors für Staats-
und Lehensrecht am Wiener Theresianum, Christian August Beck,
erweisen. Er war es, der Joseph aufklärerisches Gedankengut nahe-
brachte. Im Gegensatz zur Maxime Maria Theresias vermittelte er

ihm, der Herrscher sei für sein Handeln nicht Gott verantwortlich, er habe vielmehr dem Volk zu dienen und sich um das Wohl seiner Untertanen zu bemühen. Religiöse Toleranz, die Ablehnung der Folter als grausam und der Leibeigenschaft als längst überholte Form, das waren Becks revolutionäre Ideen. Sie kamen bei dem jungen Rebellen gut an. Es sollte zwar noch Jahre dauern, aber einmal an die Macht gekommen, begann Joseph, sie zu realisieren. – zum Entsetzen seiner streng konservativen, geistig dem Zeitalter der Gegenreformation und des Absolutismus, der uneingeschränkten, von Gott verliehenen Macht verhafteten Mutter.

Größte Sorgen hatte Maria Theresia mit ihrem Sohn im Jahr 1756. Joseph war 15 Jahre alt, als preußische Truppen in Sachsen einmarschierten und der Siebenjährige Krieg (1756-1763) entbrannte. Bald waren sämtliche Großmächte Europas involviert, zehntausende Soldaten verloren ihr Leben auf den Schlachtfeldern Mitteleuropas, und sogar die Karibik und die Weltmeere wurden zu Kriegsschauplätzen. Joseph verfolgte die Kriegsereignisse mit größtem Interesse. Und nicht nur das: Er zeigte offene Bewunderung für den Preußenkönig. Seine Mutter war fassungslos. Bei diesem Schock aber sollte es nicht bleiben. Zu Beginn des folgenden Jahres erkrankte Joseph schwer. Er fieberte hoch, wurde von Krämpfen geschüttelt und hatte Blasen und Pusteln am ganzen Körper. Bald wurde es zur grauenhaften Gewissheit: Der Thronfolger war an den Pocken erkrankt. Wie durch ein Wunder überlebte Joseph die Seuche. Er trug keine bleibenden Schäden davon. Und er blieb auch nach der schweren Erkrankung der jugendliche „Revoluzzer" und Heißsporn. Das bekam seine Mutter schmerzhaft zu spüren, als er ihr seine Denkschrift „Rêveries" (Träumereien) vorlegte. Doch das waren keine Träumereien, das waren handfeste Pläne, dazu angetan, den Vielvölkerstaat in seinen Grundfesten zu erschüttern. Maria Theresia blickte in Abgründe. Aber noch war sie davon überzeugt, das Schlimmste verhindern zu können.

Wie für alle ihre Kinder schmiedete Maria Theresia auch für Joseph schon früh Heiratspläne. In die engere Wahl kam aus dynastischen Erwägungen die Infantin Isabella von Parma. Von dieser Verbindung erhoffte sich Maria Theresia eine Stärkung der Beziehungen zwischen den Häusern Habsburg und Bourbon. Joseph war alles andere als begeistert. Mehr noch: Je konkreter die Heiratspläne wurden, desto panischer wurde er. Er sei zu jung und kaum imstande, sich selbst zu leiten, wie solle er da erst eine Frau lenken … Er habe die Reize der Liebe noch nie erfahren, Gott wisse, wie es ihm dabei ergehen werde, jammerte er seinem Obersthofmeister Graf Salm vor. Und als ihn sein Vater „aufklärte", erfasste ihn erst recht blanker Horror. Schon der Gedanke an das, was ihm bevorstehe, falle ihm schwer und errege seinen Ekel, er fürchte sich mehr davor, sich zu vermählen, als in eine Schlacht zu ziehen. Als Opfer des Staates aber gebe er sich eben hin … [12]

Als sich Joseph und Isabella am 2. Oktober 1760 in Laxenburg zum ersten Mal gegenüberstanden, war dann alles ganz anders. Joseph war auf Anhieb hingerissen. Er erblickte eine Märchenprinzessin. Klein, zierlich, mit großen Augen im ovalen Gesicht, einer hohen, reinen Stirn, dunklem Haar und einem kleinen, wohlgeformten Mund. Ihre Bewegungen waren anmutig und ihre Stimme glockenhell.

Wie ein Märchen verliefen auch die nächsten Tage. Österreich befand sich zwar immer noch im Krieg und die Kassen waren leer, der Kaiser aber ließ es sich nicht nehmen, aus seiner Privatschatulle ein pompöses Hochzeitsfest auszurichten. Es geriet zu einem der letzten großen, prunkvollen Barockspektakel Österreichs. Ganz Wien war auf den Beinen, um den Einzug der Prinzessin mitzuerleben, an dem 120 reich geschmückte Prunkkarossen teilnahmen.

Schön, geheimnisvoll und überaus kompliziert: Isabella von Parma,
Josephs angebetete und allzu früh verstorbene Gattin.

Josephs unglückliche Ehen

Die Ehe des Thronfolgerpaars gestaltete sich dann weniger mär-
chenhaft. Während Joseph seine geistreiche, charmante, künstle-
risch hochbegabte Frau regelrecht anbetete, empfand sie für ihn
nichts als Gleichgültigkeit und fühlte sich zeitweise von ihm und
seinen ungeschickten Liebesbezeugungen regelrecht abgestoßen.
Verliebt freilich war auch sie, allerdings in Josephs Schwester Marie

Christine, „Mimi". Ihr schrieb sie romantische Billets und offenherzige Liebesbriefe. Sie nannte sie ihren Engel, ihren „allerliebsten, allerschätzbarsten Schatz", dessen „ertzenglisches arscherl" sie küsse. Joseph war bald der Einzige am Wiener Hof, der nicht wusste, dass seine Frau lesbisch war. Er ahnte nicht, dass seine schöne und exaltierte Frau in Todessehnsüchten schwelgte, unaufhörlich Gedichte und Essays schrieb und ihrer Abneigung gegen das männliche Geschlecht in philosophischen Betrachtungen Luft machte. Er war verliebt und schwebte auf einer rosa Wolke. Was in seiner Frau vorging, wusste er nicht. Er fragte auch nicht nach. Schließlich hatte er immer nur gelernt, sich mit sich selbst zu beschäftigen.

Wie glücklich sich Joseph mit seiner jungen und schönen Frau fühlte und wie harmonisch zu diesem Zeitpunkt sein Verhältnis zu Maria Theresia noch war, lässt der Brief erahnen, den der Jungvermählte im Mai 1761 von einer Reise nach Mariazell an seine Mutter sandte: „Sie wissen, daß ich auf der Welt nichts wünsche als die Gnade eurer Majestät, die Freundschaft meiner Frau und mein Seelenheil (…). Morgen werden wir so schnell wie möglich heimkehren, um eine Mutter wiederzusehen, die uns mit Beweisen ihrer Freundschaft überhäuft, und eine Herrscherin, die uns so gewogen ist."[13]

Die Zeit des privaten Glücks war für Joseph dennoch kurz bemessen. Im März 1762 brachte Isabella nach einer hochdramatisch verlaufenen Geburt ein gesundes Mädchen zur Welt. Ein männlicher Thronfolger wäre selbstverständlich willkommener gewesen, Joseph war aber trotzdem glückselig und nannte das Neugeborene nach seiner Mutter Maria Theresia. Isabella hingegen hatte wieder einmal Todesahnungen. „Sie wird keine acht Jahre alt", prophezeite sie – und sollte damit Recht behalten. Isabella erlitt in der Folge zwei Fehlgeburten. Ihr Gemütszustand verdüsterte sich zusehends. Im sechsten Monat schwanger, erkrankte sie im November 1763 an den Pocken. Sie brachte das Kind noch zur Welt, es wurde auf den Namen Christine getauft, starb aber zwei Stunden nach der

Geburt. Joseph wich nicht vom Bett seiner todkranken Frau. Vergebens. Isabella starb nach einer Woche qualvollster Leiden. Ihre letzten Worte waren: „Mein ganzer Körper brennt, denn ich habe mit meinem ganzen Körper gesündigt."

Joseph war durch diesen Schicksalsschlag am Boden zerstört. An seinen Bruder Leopold schrieb er wenige Tage nach Isabellas tragischem Tod: „Wenn es möglich ist, in einer so grausamen Lage einen Trost zu wissen, so sind es Deine Freundschaftsbeweise allein, die ihn mir geben können. Ich bin nicht fähig, mehr zu sagen: ich habe alles verloren. Ich wünsche Dir von ganzem Herzen eine so gute Frau wie meine verstorbene, aber Gott möge Dich vor einem solchen Unglück bewahren."[14] Auch ein Brief an seinen Schwiegervater lässt die Schwere seines Kummers erahnen: „Ich habe alles verloren (…). Aufs tiefste betrübt und darnieder gedrückt weiß ich kaum, ob ich noch lebe. Welch schreckliche Trennung; werde ich sie überdauern? Ja, gewiß, nur um mein ganzes Leben hindurch unglücklich zu sein."[15]

Auch wenn diese Worte anmuten wie im ersten tiefen Schmerz geschrieben, sollten sie sich doch auf tragische Weise bewahrheiten. Joseph wurde in seinem Leben nie mehr glücklich. Nach außen hin allerdings wurden ihm höchste Ehren zuteil. Er wurde im April 1764 im Dom zu Frankfurt am Main im Beisein seines kaiserlichen Vaters zum römisch-deutschen König gekrönt. Im Rahmen einer pompösen Barockzeremonie, die er selbst als längst nicht mehr zeitgemäß empfand und unter der er litt. In einem Brief an Maria Theresia gestand er, er habe sich nur mit Mühe gerade gehalten um zu verhindern, dass ihm die Knie einknickten. Während sein Herz von Gram erfüllt gewesen sei, habe er sich den Anschein geben müssen, er sei entzückt davon, zu einer Würde zu gelangen, die ihm doch nichts als Last sei.

Johann Wolfgang von Goethe erlebte die Zeremonie als 15-Jähriger mit. Er beschrieb später Kaiser Franz I. durchaus positiv.

Joseph hingegen kommt weniger gut weg: „Der junge König hingegen schleppte sich in den ungeheuren Gewandstücken mit den Kleinodien Karls des Großen wie in einer Verkleidung einher, so daß er selbst, von Zeit zu Zeit seinen Vater ansehend, sich des Lächelns nicht enthalten konnte. Die Krone, welche man sehr hatte füttern müssen, stand wie ein übergreifendes Dach vom Kopfe ab …"[16]

Maria Theresia wusste um die Bedeutung eines männlichen Thronfolgers, um die Wichtigkeit des Fortbestehens der Dynastie. Wie sie auch bei der rein aus dynastischen Überlegungen erfolgten Verheiratung ihrer bedauernswerten Töchter bewies, hatten diese Fragen für sie absoluten Vorrang. Persönliche Befindlichkeiten durften keine Rolle spielen. Das galt auch für Joseph. So sehr er sich auch sträubte, Maria Theresia zog wieder einmal die Fäden und begann sich bald nach Isabellas Tod nach einer neuen Heiratskandidatin umzusehen. Joseph hätte Isabellas jüngere Schwester vorgezogen, diese war aber erst 14 Jahre alt, galt als überaus lebhaft und war überdies dem Prinzen von Asturien versprochen. Die Auswahl in Frage kommender katholischer Prinzessinnen aber war zu diesem Zeitpunkt in Europa ausgesprochen gering. Also entschied sich Maria Theresia für Maria Josepha von Bayern. Diese heiratete Joseph am 23. Jänner 1765 in der kleinen Schönbrunner Schlosskapelle. Aus „kindlicher Liebe" zu seiner Mutter. Es gab keine große Zeremonie, keine tagelangen Festlichkeiten.

Josephs zweite Ehe geriet zum Desaster. Er soll die Ehe nie vollzogen haben, nicht zuletzt, weil es ihn vor der an einer übelriechenden Schuppenflechte leidenden Maria Josepha ekelte. Er behandelte seine Gemahlin, die er dem Herzog von Parma als „kleine und dicke Gestalt ohne jugendlichen Reiz mit hässlichen Zähnen" beschrieb, grausam, hartherzig und kalt. Einen Monat nach der Hochzeit schrieb er an Isabellas Vater: „Wie stark habe ich mich selbst beurteilt! Ich glaubte mich stark genug, um mich jedes Vergleichs zu enthalten und mich selbst zu beschwichtigen über den schrecklichen Abstand, den ich finden würde, aber die menschliche Schwäche hat auch in mir die Oberhand gewonnen, und ich kann nicht leugnen, daß ich mich in einer trostlosen Lage befinde. Ich besitze eine vorwurfsfreie Frau, die mich liebt und die ich um ihrer guten Eigenschaften willen schätze. Aber gewohnt, meine Gattin anzubeten, leide ich für sie, daß ich sie nicht liebe. Die Zuneigung des Herzens lässt sich durch Vernunftsgründe nicht herbeiführen, und Komödie zu spielen liegt ganz außer meiner Natur ...“[17]

Um Maria Josepha nicht sehen zu müssen, ließ Joseph sogar den gemeinsamen Balkon in Schönbrunn abteilen. Die Zustände wurden so unhaltbar, dass Maria Josephas Obersthofmeisterin diesen Anblick nicht länger ertragen konnte und ihren Dienst quittierte. Erotische Abenteuer suchte Joseph dennoch. Sein jüngerer Bruder Leopold vermerkte ätzend, er fühle sich zu „niedrigen und schmutzigen“ Frauen hingezogen. Maria Josepha entging einem langjährigen Ehe-Martyrium durch ihren frühen Tod. Sie starb 1767 wie Isabella an den Pocken. Joseph stand ihr weder in ihren letzten Stunden bei, noch nahm er an ihrer Beerdigung teil.

Zu diesem Zeitpunkt allerdings hatte sich Josephs Status bereits grundlegend geändert. Es war im August 1765, als ein weiterer schwerer Schicksalsschlag das Haus Habsburg traf. Bereits im Juli hatte sich ein enormer Hochzeitszug von Wien Richtung Tirol in Bewegung gesetzt. Es galt, die Vermählung Leopolds mit Ludovica von Spanien zu feiern. Leopold stand den ersten Teil der Hochzeitsfeierlichkeiten noch durch, dann aber musste er passen: Er war bereits Tage zuvor so schwer an Durchfall erkrankt, dass er sich nur mit Mühe auf den Beinen halten konnte und sogar die Hochzeitsnacht ausfallen lassen musste. Gefeiert wurde dennoch. Bälle, Empfänge, Theateraufführungen und große Diners standen auf dem Programm. Alles glanzvolle Veranstaltungen, allerdings immer wieder überschattet von Pannen und Missgeschicken, wie zum Beispiel, dass eine große Illumination einem Gewitterregen zum Opfer fiel. Das alles war aber nichts gegen die Katastrophe, die am 18. August über die Familie hereinbrach: Kaiser Franz I. war nach dem Besuch eines italienischen Schauspiels gerade in seine Gemächer zurückgekehrt, als er plötzlich zusammenbrach. Joseph war an seiner Seite und stützte ihn. Die eilig herbeigerufenen Ärzte aber konnten nicht mehr helfen. Der Kaiser hatte einen Herzinfarkt erlitten. Er starb innerhalb weniger Minuten in Josephs Armen.

Für Maria Theresia brach durch den Tod ihres geliebten Gatten die Welt zusammen. Sie trug von nun an nur noch schwarze Witwentracht. Im ersten Schmerz erwog sie, sich in ein Kloster zurückzuziehen und Joseph die Alleinherrschaft zu überlassen. Dann aber siegte, nicht zuletzt mithilfe von Staatskanzler Kaunitz, ihr angeborener Herrscherdrang. Sie war noch keine fünfzig Jahre alt, Joseph war erst fünfundzwanzig und überdies ein ungestümer „Revoluzzer". Also entschloss sie sich, die Zügel der Macht in der Hand zu behalten und Joseph wie zuvor Franz Stephan von Lothringen lediglich zum Mitregenten zu machen. Während sich aber ihr kaiserlicher Gemahl weder in die Regierungsgeschäfte noch in politische Entscheidungen eingemischt hatte und froh gewesen war, genügend Zeit für seine Neigungen, Finanztransaktionen und Liebschaften zu haben, war Joseph aus anderem Holz geschnitzt: Er war tatendurstig, er wollte regieren, er wollte Veränderungen bewirken. Damit waren nahezu unüberwindliche Konflikte, Reibereien und Misshelligkeiten vorprogrammiert.

Der Kaiser und seine Mutter

Nach dem Tod seines Vaters fiel Joseph die Kaiserwürde zu, er war nun Kaiser Joseph II. Hatte er sich bei der Königskrönung für den Wahlspruch „Virtute et exemplo" entschieden, „Mit Tugend und Beispiel", orientierte er sich als Kaiser Joseph II. an dem Satz „Alles

Maria Theresia segnet vor ihrem Tode Joseph.

für das Volk, aber nichts durch das Volk". Wie ernst er das nahm, bekam die Familie nach dem Ableben von Franz I. auf schmerzliche Art zu spüren. Dieser hatte seinen ältesten Sohn als Universalerben des gigantischen Vermögens eingesetzt, das er im Laufe der Jahre angehäuft hatte. Und Joseph, davon selbst überrascht, reagierte auf die für ihn typische Art: Er vermachte die Erbschaft dem Staat, zur Senkung des Zinsfußes der Staatsschuld.

Maria Theresia gelang es lediglich, einen kleinen Teil des Vermögens zur Versorgung ihrer noch unmündigen Kinder zu retten. Sie begründete damit den habsburgischen Familienversorgungsfonds, der bis 1918 fortbestand. Josephs rigorose Finanzpolitik traf sogleich auch Leopold. Von ihm verlangte er die Rückgabe von zwei Millionen Gulden, die Franz I. in der Toskana angelegt hatte. Das war für Leopold ein schwerer Schlag, er musste das dringend benötigte Geld aus der Staatskasse der Toskana abziehen. Leopold nahm diese Forderung seinem Bruder, mit dem er sonst immer freundschaftlich verkehrt hatte, sehr übel. Das Verhältnis zwischen beiden kühlte dadurch merklich ab.

Die Unterschiede in Charakter, Auffassung und politischer Gesinnung zwischen Mutter und Sohn traten immer deutlicher zu Tage. Friedrich Weissensteiner schreibt in seinem Buch „Die Söhne Maria Theresias": „Maria Theresia war warmherzig, umgänglich und mütterlich. Sie konnte Vertrauen und Liebe schenken. Das war ihr schönstes, ihr bezwingendstes Charaktermerkmal. Mit einem untrüglichen politischen Instinkt begabt, hielt sie bei allem Verständnis für notwendige Neuerungen am durch die Zeit erprobten Althergebrachten fest. (…) Joseph war ein nüchterner, kühler Verstandesmensch. Er war ein misstrauischer Misanthrop, der zynisch und beleidigend sein konnte. Ohne Gespür für Tradition und Herkommen packte er oft hastig und übereilt zu und setzte kompromisslos und rigoros seine von purem Rationalismus diktierten Maßnahmen. Den Vergnügungen des Lebens abhold, ein Asket reinsten Wassers und bis zur Selbstvergessenheit pflichttreu, schlugen dem grundsatzverliebten Doktrinär seine von den besten Absichten getragenen Maßnahmen nicht selten zum Unheil aus."[18]

Hatte Joseph gehofft, als Mitregent Veränderungen bewirken zu können, so hatte er sich geirrt. Viel zu regieren hatte er nicht. Dafür sorgte schon Maria Theresia. Und nicht nur das. Sie überwachte alle seine Handlungen streng, immer unter dem Vorwand, sie trage Sorge um sein unbedachtes Wesen. Sie hörte auch nicht auf, ihn zu kritisieren. Was der junge Kaiser ständig von Frau Mama zu hören bekam, lässt exemplarisch der Brief erahnen, den sie ihm aus Entrüstung über seinen schriftlichen Verkehr mit höchsten Würdenträgern schrieb:

„Glaubst Du, daß Du Dir auf diese Art treue Diener erhalten wirst? Ich fürchte sehr, Du wirst in die Hände von Schurken fallen, die, um ihre Zwecke zu erreichen, sich gefallen lassen, was eine edle und Dir wahrhaft ergebene Seele nicht ertragen kann. (…) Und was mich am meisten betroffen macht: Du sprichst so nicht in einer ersten Aufwallung, sondern vierundzwanzig Stunden, nachdem Du die Nachrichten erhalten hast: also nach reiflicher Überlegung hast Du Dich entschlossen, Personen, die Du doch selbst für die Besten hältst und die Du uns zu erhalten Dich bemüht hast, mit Deiner Ironie und Deinen übertriebenen Vorwürfen einen Dolch ins Herz zu stoßen. (…) Und es ist nicht der Kaiser, nicht der Mitregent, der solche beißende, ironische, boshafte Worte spricht, sie kommen aus dem Herzen Josephs: das ist's, was mich beunruhigt, was das Unglück Deines Lebens sein und den Untergang der Monarchie und von uns allen herbeiführen wird. Ich habe mir geschmeichelt, daß ich nach meinem Tode in Deinem Herzen weiterleben werde (…). Kann ich noch darauf hoffen, wenn Du Dich in dieser Art gehen läßt, die jede Zärtlichkeit, jede Freundschaft ausschließt? (…) Es ist höchste Zeit, daß Du aufhörst, an Witzworten und geistreichen Bemerkungen Gefallen zu finden, die keine andere Wirkung haben, als andere zu kränken oder lächerlich zu machen und dadurch alle anständigen Menschen zu entfernen. Du bist eine Kokette des Geistes und wo Du diesen zu finden glaubst, läufst Du ganz urteilslos hinterher …"[19]

Joseph war voll Energie, er hatte genaue Vorstellungen, wie man die Welt verändern, ja verbessern könnte. Seine Möglichkeiten aber waren beschränkt. Er durfte sich lediglich in der Außenpolitik betätigen und konnte dort durchaus Erfolge für sich verbuchen. Sonst musste er sich mit seinem näheren Umfeld begnügen. Abgesehen davon, dass er auch bei sich selbst sparte und statt im pompösen spanischen Hofkleid meist nur in – vergleichsweise – schlichter Uniform auftrat, öffnete er den Prater, das private Jagdgebiet des Hofes, für das Volk. Und mit Attacken gegen die noble adelige Gesellschaft sparte er auch nicht. Zum Entsetzen seiner Mutter hielt er sich mit seiner Meinung nur selten zurück. So zog er einmal über den Adel her, indem er ätzte, die guten Herren glaubten, alles erreicht und einen guten Staatsmann herangebildet zu haben, nur weil ihre Söhne in der Messe ministrierten, ihren Rosenkranz beteten, alle vierzehn Tage beichteten und nichts anderes läsen, als was der beschränkte Geist des Beichtvaters gestatte. Schmerzhafter hätte er die tief gläubige, Zeit ihres Lebens der katholischen Kirche eng verbundene Maria Theresia nicht treffen können!

Abkühlung bis hin zu frostiger Stimmung erlebte auch die Wiener Hofburg. Einer der wenigen Bereiche, in denen Maria Theresia ihrem Mitregenten erlaubte, sich kreativ zu entfalten, war die Hofhaltung – und da krempelte Joseph so gut wie alles um. Barockes Schaugepränge und jede Art von Luxus waren dem Sparmeister zutiefst zuwider. In diesem Sinne löste er die Hofhaltungen seiner Geschwister auf, reduzierte die Anzahl der in den Hofstallungen gehaltenen Pferde und Maultiere um ein Drittel, verringerte die Gala-Tage, an denen Geburts- und Namenstage gefeiert wurden und strich kostspielige Feste ersatzlos. All das löste bei seinen Familienangehörigen ebenso wie bei den hohen Würdenträgern Unwillen und Verwirrung aus, sie hatten sich aber zu fügen.

Darüber, wie er seine Aufgabe als Mitregent sah, gibt der Brief Aufschluss, den er im Juli 1768 an seinen Bruder Leopold schrieb. „Ich habe glücklicherweise nicht Frau noch anderen Anhang", bekundete er, „infolgedessen bin ich frei, ohne Sorgen und Unruhe, ich kann mich ganz den Pflichten widmen, die ich zu erfüllen habe.

Die Liebe zum Vaterland, das Wohlergehen des Staates, das ist in Wahrheit, lieber Bruder, die einzige Leidenschaft, für die ich alles unternehme …"[20]

So aus tiefstem Herzen aufrichtig und gewissenhaft Joseph seine Aufgabe auch wahrnahm und so sehr er sich für moderne, aufklärerische Ideen begeisterte, so wenig fanden seine Ambitionen Maria Theresias Verständnis. Am Geburtstag ihres Sohnes im Jahr 1769 schüttete Maria Theresia Graf Tarouca ihr Herz aus: „Wer hätte das vor achtundzwanzig Jahren gedacht, dass wir beide so lange leben und diesen Tag so hinbringen würden, wie wir es thun! Es ist demüthigend, traurig und unbegreiflich, wenn uns das bis an's Ende geleiten soll. Zum Glücke ist alles zu ertragen. Mein Loos, mein Leben ist zu sonderbar, zu niederschlagend. Ich erwarte mein Ende mit mehr Ungeduld als Furcht!"[21]

Die Meinungsverschiedenheiten zwischen Mutter und Sohn wurden oft in lautstarkem Streit und bitterbösen Briefen ausgetragen. Eine gute Methode, den ständigen Reibereien zu entgehen, sah Joseph in seinen zahlreichen Reisen. Er war incognito unterwegs. Als „Graf von Falkenstein" – den Namen leitete er von einem kleinen habsburgischen Besitztum im Norden der heutigen Pfalz ab – bereiste er auf präzise geplanten Routen praktisch alle Länder der Monarchie, das Banat, Italien, Frankreich, den Balkan, die Niederlande. In 25 Jahren Regierungszeit verbrachte er 2260 Tage unterwegs, das macht ihn zum europäischen Herrscher mit der größten „Kilometerleistung". Dem schlichten und auf alle pompösen Gastmähler verzichtenden Kaiser flogen die Herzen zu, so einen volksnahen Herrscher hatte man noch nie erlebt. Was er unterwegs sah und hörte, diktierte er jeden Abend minutiös in seine Reisetagebücher. Dieses hautnah erlebte Wissen und die auf Reisen gemachten Erfahrungen bildeten die Basis für seine späteren Reformen.

Wie sehr Maria Theresia die Reisetätigkeit ihres Sohnes missbilligte, lässt ein Brief aus dem Jahr 1769 an das alte Kammerfräulein Gräfin Rosalie Edling erahnen: „Ich bin sehr fett, mehr als meine holdselige Frau Mutter; auch rot, besonders seit den Blattern. Aber die Füße, Brust, Augen gehen zugrunde. Erstere sind sehr geschwollen, ich erwarte täglich ihr Aufbrechen. (…) Von 16 Kindern bleiben mir jetzt sechs im Hause, in ein paar Jahren nur drei; denn auf den Kaiser kann ich nicht rechnen, weil er gern überall ist nur nicht zu Hause. Die Jahre werden das auch ändern, vom Heiraten ist jedoch keine Hoffnung, was mich sehr betrübt. Meine Enkelin, die kleine Therese, wird täglich angenehmer und schöner …"[22]

Wie Honig müssen Maria Theresia wenig später die Worte ihres Sohnes geschmeckt haben, die er ihr von seinem Treffen im August 1769 mit Preußenkönig Friedrich II. in Neisse (heute Nysa) schrieb. Thema war eine preußisch-österreichische Vermittlungsaktion im Krieg zwischen Russland und der Türkei, die zunächst zur Ersten Teilung Polens und dann zur Abtretung der bisher türkischen Bukowina an Österreich führen sollte. Joseph, der Friedrich immer bewundert hatte, gab in diesem Schreiben seiner Mutter recht, die in Friedrich einen lebenslangen Feind sah: „Der König hat uns mit Höflichkeit und Freundschaft überhäuft. Er ist ein Genie und ein Mann, der wunderbar spricht; aber er tut keine Äußerung, die nicht etwas Verschlagenes hätte …"[23]

Die Teilung Polens erschütterte Maria Theresia zutiefst. Die koste sie zehn Jahre ihres Lebens, klagte sie ihrem Sohn Erzherzog Ferdinand. Die Sache liege ihr am Herzen, verfolge sie und vergifte ihre ohnedies nur zu traurigen Tage. Ebenso sehr bekümmerte sie die weite Reise Josephs, als dieser plante, nach Polen weiterzureisen. „Er wird sich sehr ermüden und das bereuen", schrieb sie. „In wenigen Jahren wird er alt und gebrochen sein. Ermüdung ist gut, aber in dem Maß, wie er es betreibt, ist es Vernichtung."[24]

Am Heiligen Abend des Jahres 1775 erreichte die Zermürbung zwischen Mutter und Sohn einen traurigen Höhepunkt. Joseph entschloss sich zu einer drastischen Maßnahme, er drohte, die Mitregentschaft zurückzulegen. „Lösen wir dieses Band auf", schlug er seiner Mutter vor. So werde sie kein Wort mehr von ihm hören. Alles werde besser und einfacher gehen und er werde künftig glückseliger, ruhiger und vielleicht nutzbarer leben. Maria Theresia antwortete am selben Tag: „Ich kann wohl sagen, daß ich seit 36 Jahren mit nichts beschäftigt bin als mit Dir, 26 davon waren glücklich. Aber das kann ich heutzutage nicht sagen; denn ich kann niemals Grundsätzen beipflichten, die hinsichtlich der Religion wie der Sitten zu wenig streng sind. (…) Zusehr zeigt Du Abneigung gegen alte hergebrachte Gewohnheiten und gegen die ganze Geistlichkeit, zusehr allzu freie Ansichten über Aufführung und Sittlichkeit. (…) Sehe ich doch, wie wenig Du in Übereinstimmung mit mir bist – und wie Du auf Deine alten Vorurteile zurückkommst. Ich wünsche, daß sie Dich glücklicher machen, als ich es bin."[25]

Der aufgeklärte Monarch

Dennoch zog im Hause Habsburg 1775 Weihnachtsfrieden ein und Joseph blieb Mitregent. Seinen möglichen Rücktritt behielt er aber als Ass im Ärmel. Er zog es in der Folge oft und gern hervor, wenn es wieder einmal massive Meinungsverschiedenheiten gab. Die Frage der religiösen Toleranz zum Beispiel war so ein Thema. Besonders, als Joseph erfuhr, dass in Mähren Calvinisten zum Militärdienst, zur Arbeit im Bergwerk oder zur Verrichtung öffentlicher Arbeiten gezwungen wurden. Da flogen die Briefe zwischen Mutter und Sohn nur so hin und her. Als Maria Theresia auf ihrem Standpunkt beharrte, bat er darum, von der Pflicht befreit zu werden, schriftlich oder mündlich seine Meinung zu sagen …

Joseph II. war am Wiener Hof von Freimaurern umgeben. Ihre aufklärerischen Ideen, ihre Prinzipien der Toleranz und des

Joseph und Leopold: Die beiden Brüder verstanden sich trotz ihres
unterschiedlichen Charakters bestens – erst Josephs horrende Geldforderung
trübte das Verhältnis.

Humanismus fielen bei ihm auf fruchtbaren Boden. Er ließ sich
vom dänischen Rittmeister von Sudthausen eingehend über den
Bund informieren. Dazu, dem Geheimbund beizutreten, konnte er
sich aber nicht entschließen. Zum einen, weil die Landesloge von
Deutschland und die Strikte Observanz in Prag in Konkurrenz um
seine Aufnahme getreten waren und er sich für keine der beiden

entscheiden konnte. Und zum anderen, weil er sich ausnahmsweise als gehorsamer Sohn erweisen wollte. In einem Brief an den Herzog von Braunschweig schrieb er, er könne nicht beitreten, weil dies den Landesgesetzen zuwiderliefe und auch seiner Mutter nicht angenehm wäre.[26]

Die Stimmung am Wiener Hof blieb schlecht. Leopold, der 1778 im Zuge des Bayrischen Erbfolgekrieges nach Wien gekommen war und bei dieser Gelegenheit seine Mutter ein letztes Mal sah, skizzierte in einer Art geheimer Stenografie die Lage. Die Hofburg, die er als lustig und fröhlich in Erinnerung hatte, in der früher unentwegt gelacht, getanzt und gefeiert worden war, wirkte jetzt trostlos und leer. Maria Theresia in schwarzer Witwentracht, alt, krank und behäbig, war nur noch von wenigen Getreuen umgeben, keine Spur von Herzlichkeit zu den verbliebenen Töchtern Marianne und „Liesl", statt dessen Maßregelungen, Zurechtweisungen und Zank.

Auch als Joseph nach dem Tod seiner Mutter 1780 zum Alleinherrscher aufstieg, änderte sich an dieser Stimmung nichts. Jetzt endlich konnte Joseph aber seine lang geplanten, bisher von seiner Mutter bekämpften Reformen umsetzen. Er zog sie in rasantem Tempo durch, geradezu hektisch und verbissen, als wüsste er, dass ihm dafür nicht viel Zeit beschieden war. 22 Sekretäre hatten ihm Tag und Nacht zur Verfügung zu stehen.

Als Erstes führte Joseph die Kirchenreform durch. Mit dem Toleranzpatent gewährte er 1781 Protestanten, Griechisch-Orthodoxen und Juden Religionsfreiheit, löste „unnütze" Klöster auf, die sich nicht dem Unterricht oder der Krankenpflege widmeten und verringerte den Einfluss des Papstes – der übrigens im Frühjahr 1782 persönlich zu Verhandlungen mit dem Kaiser nach Wien kam. Joseph II. gab sich unnachgiebig, er rückte trotz intensiver Gespräche nicht von seinem Standpunkt ab. Am 11. April teilte er seinem Bruder Leopold mit: „Heute endlich ist Seine Heiligkeit mit einem Schriftstück niedergekommen und ich werde mit einer Antwort niederkommen. Alles, was ich Dir darüber sagen kann, ist, daß diese beiden Kinder sich nie verheiraten werden …"[27]

Joseph II. musste täglich mehrere Stunden mit Papst Pius VI. zubringen. Er führte zähe Verhandlungen und zeigte seinem Gast zwischendurch den Prater und den Augarten. Am 22. April endlich konnte er aufatmen. Erleichtert schrieb er an Leopold: „Endlich habe ich den Papst eingepackt (…). Ich bin wirklich froh über seine Abreise; denn namentlich in diesen letzten acht Tagen war die Geschichte fast unerträglich geworden. Diese Kniffe und Schweifwedeleien bei seiner Verhandlung und seinen Reden, dieser wahrhaft lächerliche Enthusiasmus, der vor allem die Frauen ergriffen hatte …"[28]

Der Papstbesuch blieb ohne nachhaltige Wirkung. Joseph vereinfachte den Gottesdienst und verbot „abergläubische Bräuche". Bis 1786 wurden von 2163 Klöstern 738 aufgehoben. Auf Betreiben zweier führender Freimaurer, des Großmeisters Fürst Dietrichstein und des Freiherrn von Born, stellte er die Freimaurerei unter seinen Schutz, begrenzte allerdings die Anzahl der Logen. Er schaffte den Luxus ab, dass jeder Tote in einem eigenen Sarg begraben wurde und verordnete stattdessen den „Klappsarg", der dank einer Klappe mehrmals verwendbar war. Er verbannte die Friedhöfe zum Schutz des Grundwassers aus den Städten, lockerte die Zensurbestimmungen, hob die Leibeigenschaft auf, verbot die Folter und führte die Grundsteuer für bäuerlichen und adeligen Besitz ein. In einer von ihm unterstützten regen Bautätigkeit entstanden Schulen, Waisen- und Armenhäuser sowie Krankenhäuser, darunter das Allgemeine Krankenhaus in Wien.

Viele dieser Reformen waren überhastet und mit mangelndem diplomatischem Gespür durchgezogen worden. Bald regte sich vehementer Widerstand. Unter diesem Druck nahm Joseph viele der Reformen wieder zurück, allen voran die Besteuerung des Adelsbesitzes und den „Klappsarg", gegen den die Wiener empört mobilgemacht hatten.

1788 brach ein neuerlicher Türkenkrieg aus. Joseph, schwer gezeichnet von einem Leiden, das die Ärzte als Lungenschwindsucht bezeichneten, reiste an die Front. Auf dem Rückweg aus dem Banat schrieb er seinem Bruder Leopold: „Ich bin von dem Anteil gerührt, den Du an meiner Gesundheit nimmst. Sie ist so schlecht, daß ich an keine Wiederherstellung mehr glaube. Das Atmen wird mir schwer und bei der geringsten Bewegung habe ich Herzklopfen und kann mich nicht rühren, weder zu Fuß noch zu Pferde. Dazu eine Schwäche, die mich ermattet, daß mir die Beine versagen, der Puls niemals regelmäßig, wenig Schlaf; so bin ich und schleppe ich mich seit fast drei Monaten dahin …"[29]

Nach Wien zurückgekehrt, verschlimmerte sich der Gesundheitszustand des Kaisers rasch. Die Lungentuberkulose zehrte an seinen Kräften, nachts ließen ihn quälende Hustenkrämpfe kaum schlafen. Am 20. Februar 1790 erlag er, zum Skelett abgemagert, seinem schweren Leiden. Er war nur 49 Jahre alt geworden. Auch wenn er kein Herrscher war, den das Volk liebte, waren seine Verdienste doch groß. Er hatte versucht, die veralteten und verknöcherten Strukturen der Habsburgermonarchie aufzubrechen. In vielem war er seiner Zeit zu weit voraus und musste scheitern. In vielem aber gelang ihm eine echte Modernisierung und Erneuerung.

Emanuel Silva-Tarouca

(Auch: Don Manuel Tellez de Menezes e Castro, Herzog von Sylva,
Graf von Tarouca)
* 17. September 1696 (nach anderen Quellen 1691) in Lissabon
† 8. März 1771 in Wien

3. Kapitel
Emanuel Silva-Tarouca

Privatsekretär und Mentor, ältester und bester Freund
Maria Theresias

> *„Ein ganz reizender Mensch (…), der bei den*
> *andächtigen und frommen Schönheiten von Wien*
> *(…) einigermaßen Erfolg aufzuweisen hat ..."*

Lady Montagu über Silva-Tarouca

Es erschollen keine Kanonensalven, als im September 1696 im alten Palacio Alegrete in Lissabon Emanuel, der dritte Sohn des 4. Grafen Tarouca, das Licht der Welt erblickte. Und auch als er am Montag, dem 17. Dezember 1696 in der Pfarrkirche Maria-Hilf in Lissabon getauft wurde, war dies keine pompöse Zeremonie. Die Familie zählte zu den ältesten Adelsgeschlechtern Portugals, in Prunk und Glanz aber lebte sie nicht und ihr eigentlicher Reichtum bestand in ihrem Kindersegen. Im Laufe der Jahre tummelten sich elf Kinder in den ehrwürdigen Mauern, die einst ein berühmter Seefahrer errichtet hatte.

Wie bei dem alten, weit gereisten Ahnherrn herrschte auch zu Ende des 17. Jahrhunderts in der Familie eine weltoffene, kultivierte Atmosphäre. „Er fand in seinem reichen Geiste Mittel genug, das bescheidene Maß seiner materiellen zu ergänzen", schrieb ein Zeitgenosse über João Gomez, den Vater von Maria Theresias späterem „Mentor". Dieser diente vorerst in der Armee Portugals, brachte es immerhin bis zum General und wurde später in den diplomatischen Dienst versetzt. Er nahm 1715 an den Friedensverhandlungen in Utrecht teil und wurde schließlich als Botschafter Portugals nach Wien berufen. Das Wiener Diarium meldete im

März 1726: „Bereits in voriger Woche ist der schon öfters gemeldete nach dem alhiesigen Kaiserl. Hof gewidmete Königl. Portugesische Auserordentliche Bottschafter / Seine Excellenz Herr Graf von Tarouca alhier angelanget / und hat seine Wohnung in dem Marques-Roffranischen Lust-Pallast / und Garten vor dem Burg-Thor genommen."[30]

Graf Tarouca war bei seiner Ankunft in Wien kein Unbekannter. Kaiser Karl VI. hatte den damaligen General schon während des spanisch-portugiesischen Krieges kennen und schätzen gelernt, er achtete seine Leistungen in Utrecht hoch. Und auch in Wien fiel der routinierte Diplomat dank seines gewandten Auftretens nur positiv auf. Er war zwar alles andere als reich, gab aber in dem 1706-1710 nach Plänen des Architekten Johann Bernhard Fischer von Erlach für Hieronymus Capece de Rofrano – seinen Sohn Peter nahm Hugo von Hofmannsthal als Modell für den Oktavian im „Rosenkavalier" – erbauten Palais, dem heutigen Palais Auersperg, trotzdem glänzende Empfänge. Er achtete auf seine Equipagen, bewies Eleganz und Geschmack und war ein „Weltmann" durch und durch. Was ihm Kaiser Karl VI. hoch anrechnete war, dass er nie Schulden machte und „seinen Souverain verschonte", indem er ihn nie mit Betteleien um Geld quälte oder auf Gehaltsaufbesserungen drängte, wie ein Zeitzeuge wohlwollend bemerkte. So blieb Graf Tarouca stets in der Gunst des Kaisers. Bis zu seinem Tod, der ihn überraschend im November 1738 ereilte. Kurz vor seiner Abreise nach Madrid übrigens, wohin er als Gesandter delegiert worden war.

Wie der Vater war auch der Sohn ursprünglich für eine militärische Karriere vorgesehen. Dass er in Lissabon eine umfassende Bildung genossen hat, scheint unwahrscheinlich. Er erwähnt zwar viel später in einem Brief die römischen Schriftsteller Tacitus und Vergil, das dürfte aber eher Zufall sein, denn eine damals übliche humanistische Bildung mit Latein, Griechisch und Hebräisch wurde ihm nicht zuteil, und an lebenden Fremdsprachen erlernte er lediglich Spanisch und Französisch – und auch das nie perfekt. Was er allerdings sehr wohl lernte, das waren Höflichkeit, geschliffene Umgangsformen und elegantes Auftreten. Und das sogar an höchster Stelle.

Emanuel wurde im zarten Knabenalter als Page am königlichen Hof in Lissabon aufgenommen. Das bedeutete, dass er in einer Art Internat ausgebildet wurde, Auftritte bei gewissen Anlässen zu absolvieren hatte und mit der Etikette vertraut gemacht wurde. Dass sich in dieser Zeit die Weichen für sein gesamtes künftiges Leben stellten, hatte allerdings weniger mit dem Unterricht zu tun als mit der tiefen und innigen Freundschaft zu einem anderen Emanuel, nämlich dem jüngsten Bruder des Königs, dessen Mutter Marie Sophie Elisabeth einst Taroucas Großvater aus Heidelberg nach Lissabon geholt hatte.

Zwei charmante Portugiesen auf Reisen

Dom Emanuel war alles andere als ein ruhiger, selbstzufriedener Prinz. Der Infant war aufmüpfig und ungebärdig, und wie fast allen jungen Adeligen in ganz Europa zu dieser Zeit spukte auch ihm von Kindesbeinen an eine Idee im Kopf herum: Er träumte davon, sich in der riesigen Schar der Abenteurer und Schlachtenbummler im Kampf gegen die Türken Sporen zu verdienen. Er wollte hinaus in die weite Welt, an die Donau, nach Wien, dorthin, wo Weltgeschichte geschrieben wurde, wo Kriegsehren winkten. Es dauerte nicht lang, bis auch der Page Emanuel von dieser fiebrigen Idee angesteckt war.

König Dom João V., der mit seinem jüngsten Bruder ohnehin nichts als Konflikte hatte, wollte von diesen Ideen nichts hören. Er erließ kurzerhand ein Ausreiseverbot. Der junge Heißsporn Dom Emanuel aber ließ sich davon nicht einschüchtern. Ganz im Gegenteil. Jetzt begann er erst recht, gemeinsam mit seinem Freund Fluchtpläne zu schmieden, in aller Heimlichkeit zwar, dafür aber umso umfassender. In einer Novembernacht 1715 schließlich war es so weit: Die beiden Ausreißer bestiegen am Ufer des Tejo bei Nacht und Nebel eine Fischerbarke, fuhren auf das Meer hinaus und dockten an einem englischen Kriegsschiff an. Sie hatten Glück. Der Kapitän der „Tany" nahm sie freundlich auf und brachte sie bis Amsterdam. Das große Abenteuer konnte seinen Lauf nehmen.

Die beiden jungen Portugiesen begaben sich vorerst nach Utrecht, wo die Friedensverhandlungen noch immer in vollem Gang waren. Graf Tarouca war einer der illustren Protagonisten des Kongresses, und als sein ebenso eleganter wie geistreicher Sohn noch dazu in Begleitung des Kronprinzen von Portugal auftauchte, war dies eine echte Sensation. Vom Infanten, dem „Prince sans égal", tuschelten sich die Damen zu, man hätte selten ein paar so schöner Beine in Seidenstrümpfen gesehen, und über den nicht allzu groß gewachsenen, zartgliedrigen Sohn des Botschafters hieß es, er stelle das Ideal eines Mannes von Welt dar, der mehr Witz und Klugheit besitze, als man es sich vorstellen könne. Beide waren gern gesehene Gäste, tanzten die Nächte durch und verdrehten so mancher schönen Dame den Kopf. Bis sie plötzlich, wiederum bei Nacht und Nebel, verschwanden.

Die Reise ging aber nicht zurück nach Portugal, ein Gerücht, das die beiden als Finte gezielt ausgestreut hatten, sondern nach Paris. Und dann nach Wien. Und schließlich noch weiter nach Südosten, an den Kriegsschauplatz, zu Prinz Eugen. Peterwardein, Temeswar, Belgrad, plötzlich befanden sie sich als Freiwillige, als „Fremde von Distinktion" mitten im Schlachtengetümmel. Und sie hielten sich gut, schlugen sich tapfer und furchtlos. Prinz Eugen jedenfalls war voll des Lobes. Er ließ Vater Tarouca mitteilen, nichts habe ihm größeres Vergnügen bereitet, als gerade dessen Sohn bei dem Infanten zu finden.[31]

Zurück in Wien sorgten die beiden jungen Portugiesen für ähnliche Furore wie in Utrecht. Edel-Klatschbase Lady Montagu, Gattin des englischen Gesandten, wusste ein regelrechtes Loblied zu singen. „Einer der gebildetsten, besterzogenen Männer", schrieb sie einem Freund, „die ich in Wien gesehen, ist der junge Graf Tarocco (sic), der Begleiter des liebenswürdigen Prinzen von Portugal. Ich bin schier in beide verliebt und wundere mich stets aufs neue über das tadellose Benehmen, die eleganten Manieren und die großzügigen freien Gedanken der beiden jungen Leute …"[32]

Dom Emanuel blieb später noch Jahre im Ausland. Er wurde in Österreich zum Feldmarschall befördert, erhielt den Orden vom Goldenen Vlies und wurde Inhaber eines Kavallerie-Regiments. 1718 wurde er als König von Sizilien nominiert, später kandidierte er – erfolglos – für den polnischen Thron, bevor er nach Portugal zurückkehrte.

Dass Tarouca sich im kaiserlichen Heer gut geschlagen hatte, erwies sich später von großem Nutzen. Vermutlich auf Vermittlung des Prinzen Eugen öffneten sich dadurch die Tore zum Kaiserhof Kaiser Karl VI. und zu Stellen im Staatsdienst. Tarouca wurde bis 1740 teils in Wien, teils in Brüssel eingesetzt, zu seinen Hauptaufgaben zählte die Leitung der niederländischen Angelegenheiten. In Wien wohnte er bei seinem Vater in der portugiesischen Gesandtschaft. Er nahm an den glänzenden Festen teil, die dieser veranstaltete und verkehrte in höchsten Kreisen. Der „alte Tarouca" zählte immerhin zu den engsten Freunden von Prinz Eugen, er verbrachte so manchen Abend in seinem Winterpalais beim Kartenspiel. Es war auch der portugiesische Gesandte, dem die traurige Ehre zuteil wurde, sich am Abend des 20. April 1736 als letzter Gast von dem mittlerweile von seiner Krankheit schwer gezeichneten Prinzen zu verabschieden, bevor sich dieser zu der Nachtruhe begab, von der er nicht mehr erwachen sollte.

Wie sein Vater war auch der „junge Tarouca" gern gesehener

Gast im Kaiserhaus. Der charmante, galante Portugiese, der ungewöhnlich lange Junggeselle blieb, wurde – vermutlich zur Freude so mancher Hofdame – häufig zu den festlichen Veranstaltungen bei Hof eingeladen. Er stand auch in enger Beziehung zu Gräfin Maria Karolina Fuchs, der einstigen Erzieherin und späteren liebsten Vertrauten Maria Theresias. Obersthofmeister Khevenhüller-Metsch nennt diese Beziehung anlässlich des Ablebens von Tarouca 1771 eine „vertraute Liäson". Tatsache ist, dass sich Tarouca ebenso wie auch Franz Stephan von Lothringen oft und gern in dem gemütlichen Salon der Gräfin einfand.

Mit der blutjungen Maria Theresia, die wie er leidenschaftlich gern tanzte, wird Tarouca so manches Menuett getanzt haben. Und dass er ihr gelegentlich ein wenig Unterricht in staatspolitischen Angelegenheiten erteilte, war ihrem Vater nur recht. Bei allem Vertrauen, das sie dem Portugiesen mit seiner zurückhaltenden und bescheidenen Art entgegenbrachte, Augen hatte die lebenslustige Kaisertochter nur für einen: Franz Stephan von Lothringen.

1735 verlieh Kaiser Karl VI. Tarouca den Herzogstitel für die Niederlande. Darüber wurde später viel gerätselt, denn eine Leistung, die eine so hohe Auszeichnung gerechtfertigt hätte, lag nicht vor. Vermutet wird, dass es Vater Tarouca dank seines diplomatischen Geschicks gelungen sein könnte, den aufgrund der Einnahmen aus den Kolonien nahezu unendlich reichen König von Portugal dazu zu bewegen, seinem Schwager, dem stets unter peinigender Geldnot leidenden Kaiser Karl VI., mit einer, wie es in einem Brief heißt, „ungeheuren Summe"[33] auszuhelfen. Der Dank dafür könnte statt an den Vater an den Sohn gegangen sein.

Die Zufriedenheit des Kaisers mit dem „jungen Tarouca" ist dennoch unbestritten. Das beweisen weitere Auszeichnungen wie die Verleihung der „Geheimen Rathswürde" im Jahre 1737 und schließlich 1740 die Würde eines „Conseiller d'Epée du Conseil d'État" der Niederlande, die mit einem jährlichen Gehalt von 7000

Livres verbunden war. Und wie wohlgesonnen der Kaiser und auch seine Tochter Tarouca waren, beweist zudem, dass ihm 100.000 Gulden für den Fall zugesagt wurden, dass er sich – endlich – verehelichen würde. Der Kaiser versäumte es allerdings, darüber eine schriftliche Verfügung zu treffen – und verstarb im Oktober 1740.

Als sich Tarouca, der nach dem Tod seines Vaters den Grafentitel angenommen hatte, im vorgerückten Alter dann doch zur Heirat entschloss und die 21-jährige Generalstochter Johanna Amalie von Schleswig-Holstein-Sonderburg-Beck zum Altar führte, verzichtete er angesichts der auch finanziell prekären Situation von Maria Theresia auf einen Großteil der Summe und begnügte sich mit 15.000-16.000 Gulden: Ein Zeichen größter Bescheidenheit und Uneigennützigkeit. Ein Zeichen unbedingter Verbundenheit mit dem Kaiserpaar war später auch, dass er seine beiden Kinder nach ihnen benannte: Maria Theresia, geboren 1741, und Franz Stephan, geboren 1750.

In der Gunst der Regentin

Maria Theresia stand nach dem plötzlichen und unerwarteten Tod ihres Vaters mit einem Schlag vor der ungeheuren Verantwortung, ein riesiges, von Feinden bedrohtes, nahezu bankrottes Reich zu regieren. Sie war damals gerade einmal 23 Jahre alt, eine lebenslustige Frau, die bereits drei Kinder geboren hatte und sich für alles interessierte, nur nicht für Politik, das Regieren oder gar Kriegführen. Noch am Todestag des Kaisers trat sie aufgrund der Pragmatischen Sanktion die Herrschaft über die österreichischen Länder an. Ganz in Schwarz gekleidet empfing sie die Minister und kaiserlichen Würdenträger. „Mit Tränen in den Augen nahm sie dieselben für sich in die Pflicht und bat sie alle, einstweilen noch ihres Amtes zu walten (…). Wie der Lenz inmitten des Herbstes erschien sie im

Kreise der bejahrten, hoffnungslosen Ratgeber ihres dahingegangenen Vaters, diese aufrichtend und ermunternd."[34]

Zu diesem Zeitpunkt zählte Graf Tarouca bereits seit Langem zum Kreis der engeren Vertrauten des Kaiserhauses. Er hatte Einblick in die Regierungsgeschäfte, musste „Langsamkeit, Unentschlossenheit und gegenseitige Beschuldigungen" mit ansehen und den „Verfall" des Reiches beobachten. Umso größer war seine Freude über den Wandel. „Die Königin und der Großherzog", schrieb er an seinen Freund Graf Harrach, „sind (…) von Muth erfüllt und arbeiten mit einer Beharrlichkeit, die jede Erwartung übertrifft, zugleich mit einer Liebenswürdigkeit und Aufmerksamkeit gegen alle Minister und Untergebenen …"[35]

Den Mut, den Tarouca bei der jungen Regentin feststellte, brauchte diese tatsächlich. Das Haus Habsburg befand sich zu diesem Zeitpunkt in einem regelrechten Tief, und das beobachteten Österreichs Gegner mit Argusaugen. Wo alles auf Zerfall und Niedergang hindeutete, witterten sie ihre Chance. Prompt stellten sie die Pragmatische Sanktion, mit der die Unteilbarkeit und Untrennbarkeit der österreichischen Länder und die Erbfolge geregelt werden sollten, in Frage. Mitte Dezember 1740 schließlich erreichte Wien die Hiobsbotschaft: König Friedrich II. war in Schlesien einmarschiert.

Die Nachricht schlug in Wien ein wie eine Bombe. Panik brach aus. In dieser Situation des allgemeinen Notstands tat die junge und völlig unerfahrene Monarchin das einzig Richtige: Sie suchte nach erfahrenen, verlässlichen Ratgebern. Unter den Konferenzräten, den Leitern der Staatskanzlei und den Mitgliedern des Hofstaates wurde sie nicht fündig. In dieser durch körperliche Gebrechen teils schon schwer geschwächten Altherrenrunde, dem „fossilen Museum", war kein überragender Geist zu finden. Doch es gab einen Mann, der sich schon lange als zuverlässig und treu erwiesen hatte: Graf Silva-Tarouca.

Um Tarouca noch fester an das Haus Österreich zu binden, nahm Maria Theresia zunächst seine Beförderung vor. Sie stellte ihn an die Spitze des Dienstzweiges, in dem er bisher gedient hatte und ernannte ihn zum Präsidenten des obersten niederländischen Rates. Und Tarouca lieferte sogleich einen weiteren Beweis seiner Bescheidenheit und seines Verständnisses für die außerordentliche Notlage des Staates: Er verzichtete freiwillig auf 10.000 Gulden seines neuen Gehalts und bezog fortan statt der 26.000 Gulden seines Vorgängers nur 16.000 Gulden.

Dass eine Frau gerade in dieser schwierigen Zeit – wie sie selbst sagte, musste sie „ohne Geld, ohne Credit, ohne Armée, ohne eigene Experienz und Wissenschaft …"[36] um ihr Erbe kämpfen – die Zügel in den Griff bekommen könnte, hielt niemand für möglich. Schon begannen die Abneigung und der Widerwille, die Franz Stephan immer öfter zu spüren bekam, auch auf Maria Theresia überzugreifen. Und dann kam alles ganz anders. Innerhalb kürzester Zeit gelang es der blutjungen Herrscherin, die Stimmung zu ihren Gunsten zu wenden. Sie bewies Fleiß und Mut, öffnete die Tore der Hofburg für alle Bevölkerungsschichten, hatte ein Ohr für alle Anliegen und arbeitete unermüdlich von früh bis spät. Das sprach sich herum. Was niemand für möglich gehalten hätte, trat ein: Maria Theresia flogen die Herzen zu.

Zu einem einschneidenden Erlebnis und auch zu einem Wendepunkt in der Beziehung zu Tarouca geriet für Maria Theresia der Landtag zu Pressburg im September des Jahres 1741. Maria Theresia war im Juni zum „Ungarischen König" gekrönt worden – eine weibliche Form gab es nicht. Die ungarischen Magnaten hatten ihr im Gegenzug für Privilegien wie Steuerfreiheit des Adels und Anerkennung des Palatins die Anerkennung zugesagt. Angesichts der Bedrohung der habsburgischen Kernlande durch das bayerisch-französische Heer, das bereits Richtung Linz marschierte, sah sich Maria Theresia gezwungen, am 11. September in Pressburg vor

In Pressburg flogen Maria Theresia und dem kleinen Joseph die Herzen der Ungarn zu. Der jungen Regentin wurde aber bewusst, wie dringend sie einen engen Vertrauten benötigte.

den ungarischen Reichstag zu treten und um „Insurrektion" zu bitten, um die Bereitstellung von Truppen. Ganz in Schwarz gekleidet, trug sie den sechs Monate alten Thronfolger im Arm. Als ihr am Ende ihrer auf Latein vorgebrachten Rede Tränen über die Wangen liefen, waren die Repräsentanten des ungarischen Adels so gerührt, dass es zu tumultähnlichen Szenen kam. Die Männer zückten ihre Degen, warfen sich ihrem „König" zu Füßen und schworen: „Moriamur pro rege nostro Maria Theresia", also „Wir wollen sterben für unseren König Maria Theresia".

So positiv sich dieser Landtag entwickelt hatte, so sehr dürfte er Maria Theresia aber auch ihre eigenen Unsicherheiten, Ängste und Mängel zu Bewusstsein gebracht haben. Stärker als je zuvor spürte sie das Bedürfnis, einen Mann in ihrer nächsten Umgebung zu haben, dem sie vertrauen konnte und der sie mit sicherer Hand lenkte. Keinen Helden, aber einen Mentor, einen „Coach". Georg von Karajan: „(…) als Maria Theresia, an ihrer eigenen Kraft zweifelnd und in dem Gewirre der Bedrängnisse, die sie von allen Seiten umlagerten, angstvoll nach der treuen Hand suchte, die sie aufrecht erhielte in all den Kümmernissen, auf dass sie nicht strauchle und hinsinke auf ihrer dornenvollen Bahn. Sie wusste nur zu gut, was es sagen wolle, in schwerer Zeit die Zügel der Regierung zu führen und sein eignes Ich daneben auf rechter Bahn erhalten, und weil sie das Gewicht dieser Aufgabe kannte, weil sie sich selbst nicht überschätzte, trug sie kein Bedenken, trotz ihrer erhabenen Stellung, ihr Thun und Lassen dem Scharfblicke eines treuen Beobachters zu unterstellen, auf seine Mahnungen zu achten und sich dadurch gleichsam ein zweites ungetrübtes Gewissen neben sich zu schaffen."[37]

Hatte Maria Theresia Tarouca schon wenige Tage, nachdem sie ihr schweres Amt angetreten hatte, gebeten, täglich bei ihr zu erscheinen und mit ihr neben seinen Dienstgeschäften auch „particulari", also alltägliche Kleinigkeiten, zu besprechen und mit ihr die großen und kleinen Geschehnisse des Tages durchzugehen, so erweiterte sie sein Aufgabengebiet nach dem Pressburger Landtag. Jetzt verlangte sie von ihm, „ihr von da an ohne Unterlaß zu sagen, wo sie fehle, die Mängel ihres Charakters zu erforschen und ihr offen mitzuteilen."[38]

Der engste Vertraute

Maria Theresia ernannte Tarouca damit zu ihrem „Wahrheitssager" – und bürdete ihm damit eine überaus schwere Pflicht auf. Tarouca war einerseits hocherfreut über die ungewöhnliche Wertschätzung, er war sich aber auch der Gefahren dieser neuen Aufgabe bewusst. „Von dem Augenblicke an, als eure Majestät mich mit dem heikelsten und bedenklichsten Geschäfte beehrten, das einem armen Unterthan werden kann, sah ich sowohl den Verfall des Vertrauens voraus, das ich genoss, wie den meines blühenden Glückes", klagte er später im „Einige Betrachtungen über mein eigenes Verhalten" betitelten Memorandum über sein Wirken. Ihre Majestät habe ihm als Königin den Befehl erteilt, ihr ihre Fehler zu sagen, gleich einer einfachen Privatperson. Um diesem Befehle nachzukommen, müsse er sich ihr oft nähern. Und dies sei kaum möglich, ohne Neid und Eifersucht der Minister und Höflinge zu erwecken. Und es rufe auch seine eigene Ehrsucht wach, die ihn nur zu leicht auf Abwege verleiten könne. Dass er das „heikelste und bedenklichste Geschäft, das einem armen Unterthan werden kann" trotzdem übernahm, begründete er mit „seinem Ehrgeiz und seiner Liebe als Unterthan."[39] Arm von Hause aus, seiner Denkungsart nach Philosoph genug, um nicht das Glück im Geld zu suchen oder in äußerem Prunk, habe er hier Gelegenheit gefunden, seinen Grundsätzen und Gefühlen entsprechend wirken zu können.

Einer der ersten Punkte, die Tarouca in Angriff nahm, war Maria Theresias Leidenschaft für Reitpartien und „Caroussels". Das war ein wunder Punkt, denn nichts liebte die junge Monarchin mehr als das Reiten, und davon ließ sie sich auch durch ihre häufigen Schwangerschaften nicht abhalten. Um seinen Rat in dieser heiklen Sache nicht hören zu müssen, muss sie sich einmal taub gestellt haben. Tarouca vermerkte nämlich später, sie habe gesagt: „Sprechen Sie nur fort, wenn ich auch nicht gleich folge, Ihre Worte kommen mir doch später in den Sinn." Das habe ihn zu anderen Ratschlägen ermutigt. Zur Umgestaltung und Mäßigung der Bälle etwa, oder zur Teilnahme an den Unterredungen über die Ehe, die bei der Kaiserin-Mutter stattfanden.

Dass es kurz nach dem Regierungsantritt von Maria Theresia am Kaiserhof drunter und drüber ging, war unübersehbar. In den Appartements der Hofburg herrschte kreatives Chaos. Mit fließenden Übergängen von Kinderzimmern zu Diplomatenempfängen, üppigen Mittagessen zu Staatsempfängen, Kaffestunden, Musik- und Tanzunterhaltungen. Es war ein ständiges Kommen und Gehen, wer Glück hatte, wurde in Audienz empfangen, wer Pech hatte, musste warten. Stunden, Tage, Wochen. Maria Theresia ging zwar mit größtem Eifer an ihre neue Aufgabe, von System oder Ordnung aber war in der Hofburg keine Spur. Gerade da setzte Tarouca an.

Auf die Gefahr hin, als lästiger Pedant zu erscheinen, entwarf „der alte zänkische Philosoph", wie er sich selbst später nannte, einen genauen Stundenplan. Nach dem Aufstehen um 8 Uhr folgte das Toilettemachen – dafür war nicht viel Zeit aufzuwenden, denn Maria Theresia legte keinen besonderen Wert darauf, wie Tarouca wusste. Als Nächstes wohnte die Königin der heiligen Messe bei und danach gab es ungestörtes Frühstück. Jeden Tag pünktlich um dieselbe Zeit – damit der Kaffee nicht kalt wurde, denn das wäre der Gesundheit abträglich. Anschließend widmete sich die junge Mutter ihren Kindern und besprach in deren Appartements mit dem Personal wichtige Fragen der Pflege und der Erziehung. Ab halb zehn Uhr war der Vormittag den Staatsgeschäften gewidmet. Gerade dabei sollte es auf die Minute genau zugehen. Zum Vorteil für alle, die zur Audienz erschienen und dadurch keine langen Wartezeiten in Kauf nehmen mussten und für die Monarchin selbst, die effektiv und geordnet arbeiten konnte, sobald sie wusste, wer zu welcher Stunde mit welchem Anliegen erschien. Auch das

Mittagessen hatte jeden Tag pünktlich zu erfolgen, die Mittagspause musste wirklich der Erholung dienen und durfte nicht durch die Erledigung von ernsten Dingen gestört werden. Ab vier Uhr nachmittags standen wieder Staatsangelegenheiten auf dem Plan, sie durften aber nicht bis in die Abendstunden andauern. Festlichkeiten, Tanz-, Theater- und Ballveranstaltungen konnten ab 9 Uhr abends beginnen und sollten um Mitternacht enden.

Wie sehr Taroucas Vorschläge gerade im letzten Punkt ungehört verhallten, lassen die Eintragungen von Obersthofmeister Khevenhüller-Metsch vom Faschingsdienstag 1743 erahnen – zu diesem Zeitpunkt war Maria Theresia übrigens mit ihrem sechsten Kind, Maria Elisabeth, schwanger. An diesem Tag speiste Maria Theresia mittags bei ihrem Schwager, Prinz Karl von Lothringen, in Möllersdorf. Nach dem Essen wurde bis acht Uhr abends getanzt, dann kehrte man in die Hofburg zurück, um in kleinem Kreis zu soupieren. Anschließend eilte die kleine Gruppe verkleidet als Ländler, Bauern und Bäuerinnen zu einem Ball ins Ballhaus. Dort verkleidete sich „Ihro Majestät" in einen Domino und „verfügten" sich auf die Mehlgrube, absolvierte einige Contredances, kehrte in das Ballhaus zurück, um dem Kehraus beizuwohnen, „welcher erst gegen acht Uhr früh sich geendigt". Danach war Maria Theresia, „ohne vorhero einiger Ruhe zu geniessen", bei der Aschermittwochs-Zeremonie in der Kirche. In diesem Fall stand Khevenhüller voll auf der Seite Taroucas und beklagte, „(…) dass die Frau so sehr auf ihre Gesundheit stürmet und hierinnfalls gar keinen noch so wohlwollenden Rath anhören will."[40]

In anderen Belangen war Tarouca erfolgreicher. Er verstand es, der bisher unbeschwert in den Tag hineinlebenden jungen Frau den für sie sicher schmerzlichen Stundenplan gut zu „verkaufen". Pedanterie und Langeweile seien ungute Weggenossen der Pflichterfüllung, erklärte er ihr. Sie erschienen nur zulässig, wenn dabei der Humor sein Recht behalte. Er sei ganz der Richtige, seiner Gebieterin Moral zu predigen und ihr Verhaltensmaßregeln zu erteilen. Während er sie über den richtigen Gebrauch der Zeit instruiere, schreibe er die Nacht hindurch und fröne bei Tag dem Schlaf. Ein anderes Mal bemerkte er in einem kurzen Billet: Ihre Majestät sei schon um 7 Uhr früh im Garten gewesen, indessen er, der Nichtsnutz von einem Minister, sich noch auf seinem Pfühle gestreckt und Tee geschlürft habe, nachdem er Rhabarber genommen. [41]

Einen genauen Stundenplan entwarf Tarouca auch für die Staats- und Amtsgeschäfte. Dabei schlug er vor, die Monarchin möge sowohl ihre Minister als auch auswärtige Gesandte an bestimmten Tagen und zu festgelegten Stunden empfangen und dabei auch selbst auf genaue Pünktlichkeit achten. Vier Tage, Montag und Dienstag, Donnerstag und Freitag, wurden für Ministeraudienzen bestimmt, die zwei restlichen Tage, Mittwoch und Samstag, waren für den obersten Hofkanzler reserviert, sie dienten dem Verfassen von Briefen und Depeschen. Zusätzlich konnten an diesen beiden Tagen ausländische Gesandte empfangen und Audienzen angesetzt werden. Entscheidend war, dass so verhindert wurde, dass Personen zu einem ungelegenen Zeitpunkt „hereinschneiten". Ausnahmen sollte es allerdings geben. Der Kammerpräsident und der Kriegsminister durften bei Bedarf auch sonst vorsprechen, ebenso die betagten Herren der „Konferenz". Für die Ministerkonferenz wurde Sonntag vorgesehen, zwischen 9 und 11 Uhr und nicht länger, denn dann war Aufbruch zum Hochamt in der Hofburgkapelle. Den Zeitpunkt für die allgemeinen Audienzen legte Tarouca auf Sonn- und Feiertage fest. Seine Begründung: Es sei die wahre Sonntagsheiligung, Witwen und Waisen ein gutes Wort zu geben, Hilfsbedürftigen Beistand zu gewähren und wie eine richtige Landesmutter den kleinen Mann in seinen täglichen Nöten leutselig aufzurichten.[42]

Ein besonders heikles Thema, an das Tarouca den Hebel der Moral ansetzte, war der Spielteufel. Maria Theresia war ebenso wie ihr Ehemann Franz Stephan nahezu besessen von dieser Leidenschaft. Man spielte um immens hohe Einsätze. Verluste in astronomischer Höhe bis zu 30.000 Gulden kamen vor. Hasardiert wurde aber nicht nur bei Hof, sondern auch in der gesamten Bevölkerung – und das, obwohl das Glücksspiel offiziell verboten war. Wie aber sollte man dem Volk etwas verbieten, das bei Hof praktiziert wurde? Bis sich Maria Theresia davon überzeugen ließ, dass sie auch in diesem Punkt mit gutem Beispiel vorangehen müsse, vergingen einige Jahre. 1757 endlich fasste sie „ganz gählig den Entschluss", das hochriskante „Pharao"-Spiel auch bei Hof zu untersagen und sich mit dem harmloseren „Lansquenet" zu begnügen.

Gegen Neid und Missgunst

Die Tatsache, dass Tarouca relativ rasch zu einer Art „grauer Eminenz" aufgestiegen war, dass ihn Maria Theresia zum Präsidenten des niederländischen und des italienischen obersten Rates gemacht, ihn mit der Organisation diverser Hoffeste betraut und ihm überdies das Amt des Hofbaudirektors und damit die Oberbauaufsicht über den Ausbau des Schönbrunner Schlosses übertragen hatte, führte bei den anderen Ministern und hohen Würdenträgern genau zu dem, was Tarouca anlässlich seiner Bestellung zum „Privatminister" der Monarchin befürchtet hatte: zu Neid und Missgunst. Anlässlich eines von Tarouca in Schönbrunn organisierten Fests mit Oper, Ballett und großer Illumination am Vorabend des Namenstages des hl. Franziskus am 3. Oktober 1743 versuchte Khevenhüller, den ursprünglichen „Cadeten eines fremmden Ministers", der in österreichischen Diensten so weit hinaufgelangt war, als „directeur des Plaisirs de la Reine" abzukanzeln. Er kritisierte die Veranstaltung an sich, vermerkte, dass über die „schmutzigen Comparse der Operisten" gespöttelt wurde und zählte dann schonungslos auf, wie

Tarouca Karriere gemacht habe. Und nicht nur das. Er beschrieb die Stimmung, die gegen Tarouca herrschte. Man warf ihm vor, er habe „Gnad und Freundschaft" Maria Theresias missbraucht, denn sie habe ihn in geheimsten staatspolitischen Angelegenheiten konsultiert. Khevenhüller wörtlich: „(…) Mann hat ihn vornemmlich beschuldigen wollen, daß er ihr gar zu despotische Maximen eingeflösset oder doch ihrem Genio hierinnfahls zu vill nachgegeben und die Frau, so lobenswürdig auch selbe ist, dennoch zu sehr flatiret habe, anbei nach portugiesischen Spitzfindigkeit in allen Sachen sopra fino sein wollen, wess wegen ihme auch die Ministri nicht allerdings hold gewesen und ihn immer beargwöhnet haben, er thäte auch hierinnen die Königin zuweillen irr machen. Ob und wie weit nun alle dise Beschuldigungen gegründet waren, will meines Orths nicht decidiren. Ich melde nur, was gesprochen worden."[43]

Im Jahr 1744 ließ Maria Theresia ihrem geschätzten „ami" und getreuen Ratgeber, der sicher gelegentlich auch seine Meinung in politischen Dingen äußerte – so sprach er Staatssekretär Bartenstein die Fähigkeit zur Lenkung der Monarchie ab oder lehnte die von Kaunitz angestrebte Bündnispolitik mit Frankreich ab –, am Südwestende der Hofburg ein respektables Stadtpalais errichten. In dem Haus „nächst den Augustinern", dem alten Hofbauamt, war die kaiserliche Familie häufig zu Gast. Da wurden französische Komödien aufgeführt und oft gab es Tanzveranstaltungen. Aus diesem Palais, der heutigen Albertina, führt aber auch ein geheimes Gangsystem in die Hofburg – so konnte Tarouca jederzeit auch ungesehen an die Seite der Monarchin eilen: ein Grund mehr für Spekulationen und Mutmaßungen. War Tarouca wirklich nur der „Seelenfreund", oder war da mehr? Konkrete Hinweise gibt es nicht, auch Khevenhüller, der es mit Sicherheit wissen musste, schwieg diskret.

Und doch. Dieses Thema hat Historiker zu allen Zeiten beschäftigt. Während es der kaiserliche Gemahl Franz Stephan mit der ehelichen Treue nie besonders genau nahm, verabscheute Maria Theresia Ehebruch und Unkeuschheit. Sie war eine durch und durch moralische Katholikin und begnügte sich mit den ehelichen Freuden, die mit der Zeugung von Kindern verbunden waren. Der Historiker Franz Herre: „Es gab Zeitgenossen, die sich nicht vorstellen konnten, daß bürgerliche Biederkeit auch an Fürstenhöfen heimisch sein könnte, und deshalb annehmen zu müssen meinten, daß auch die Habsburgerin gegen Seitensprünge nicht gefeit gewesen wäre. Es wurde ihr ein Verhältnis mit dem Grafen Silva-Tarouca nachgesagt (…) in Verkennung ihres Charakters wie in Unkenntnis des Umstandes, daß ihr am Hof kaum ein unbeobachteter Schritt möglich war."[44]

Um sich in der Nähe der Großbaustelle Schönbrunn aufhalten zu können, für die er als Hofbaudirektor ja verantwortlich war, kaufte Tarouca 1744 in der heutigen Penzingerstraße drei Bürgerhäuser auf den Parzellen 9-11, ließ sie abreißen und errichtete auf Hausnummer 9 ein Palais. Sobald Maria Theresia und ihre Familie Schönbrunn bezogen, war er ihr dadurch auch hier während der Sommermonate ganz nah. Taroucas Sommersitz sollte übrigens später noch Berühmtheit erlangen: Maria Theresia erwarb ihn für ihren Schwager, Karl von Lothringen, als Sommersitz nahe Schönbrunn und ließ im Anschluss daran eine kleine Kavalleriekaserne für die Wachmannschaft des Schlosses errichten. Später wurde das Palais gemeinsam mit einem Nebengebäude als Palais Cumberland zum Wohnsitz des nach der verlorenen Schlacht von Königgrätz aus seinem Land vertriebenen König Georg V. und beherbergte große Kunstschätze wie den berühmten Welfenschatz. Heute ist ein Teil des Palais Sitz des Max-Reinhardt-Seminars, ein anderer beherbergt die Tschechische Botschaft. Die Parkanlage zwischen Palais und Hadikgasse ist das Areal, auf dem sich damals die Kavalleriekaserne befand.

Das Amt des Hofbaudirektors brachte Tarouca weder Erfolg

noch Anerkennung, dafür aber jede Menge Ärger. Nicht nur, dass Maria Theresia eine eifrige Bauherrin war und er daher diverse Bauvorhaben wie die Staatskanzlei oder die Universität zu betreuen hatte, er war auch ständig heftiger Kritik ausgesetzt. Als der Kaiser 1746 die neuen Räume in Schönbrunn bezog, sie als unbequemer als die alten bezeichnete und seine Unzufriedenheit auch oft und gerne äußerte, war das für Taroucas Gegner ein willkommener Anlass für boshafte Nachrede. Seiner Bitte, als Hofbaudirektor zurücktreten zu dürfen, kam Maria Theresia zu diesem Zeitpunkt jedoch noch nicht nach. Er musste noch drei weitere Jahre dienen. Und dann akzeptierte Maria Theresia seinen Rückzug von diesem Amt auch nur, weil er ihr als Präsident der niederländischen und der italienischen Kanzlei erhalten blieb.

Tarouca war ein hochsensibler, ein empfindsamer Mann. Er spürte, dass gegen ihn Stimmung gemacht wurde und litt darunter. Besonders gekränkt war er, als er einmal erfahren musste, dass sich Maria Theresia auch von anderer Seite Ratschläge holte. „(…) Aber mit derselben Offenheit muß ich Euerer Majestät gestehen, dass ich in dem bisher gewohnten Vertrauen als Minister eine Störung fühle", schrieb er ein wenig beleidigt, „von dem Augenblicke an, als es mir schien, dass Euere Majestät (…) es für nöthig hielten Belehrungen und Aufklärungen Anderer an meiner Statt zu vernehmen."[45]

Derartige Trübungen des Verhältnisses kamen vor, wurden aber von beiden Seiten stets rasch und meist schriftlich wieder ausgeräumt. Was folgte, waren gegenseitige Bezeugungen inniger Verbundenheit. „Ihre Interessen", versichert Tarouca zum Beispiel im November 1762, „sind auch die meinen, Madame, und Eure Majestät können keinen Schmerz empfinden, den ich nicht theile."[46] Und Maria Theresia, mittlerweile in die Jahre gekommen, schrieb ihm etwa 1769, es gäbe für sie nur noch einen Wunsch, nämlich, sich die Liebe ihrer alten Freunde zu erhalten.

Maria Theresia bezeichnete sich selbst gern als „Schülerin"

ihres treuen Dieners und dieser bezeichnete sich gern als ihr „Erzieher". Sie vergaß nie, ihm zum Namenstag oder zum Geburtstag zu gratulieren, und als sie sich einmal beinahe zu spät seines Namenstages erinnerte, beeilte sie sich, zu schreiben: „Seht doch, wie ich herabkomme! Erst jetzt um ein Uhr erinnere ich mich, dass heute der Tag des heiligen Emanuel ist und zugleich der meines ältesten und besten Freundes."[47]

Gegen Ende der 1750er Jahre waren die Zeiten, in denen Tarouca täglich bei Maria Theresia vorsprach, vorbei. Im Jahr 1757 war Tarouca nach einem heftigen Zusammenstoß mit dem lombardischen Großkanzler als Präsident der italienischen Kanzlei zurückgetreten und hatte beim Kaiser um Entlassung aus seinen Ämtern angesucht. Schließlich ersuchte der mittlerweile 61-jährige, bereits kränkliche Tarouca um Versetzung in den Ruhestand. Von nun an erschien er etwas seltener bei Hof und begründete dies damit, dass er nun, da er keinen Dienst mehr versehe, die kostbare Zeit der Monarchin nicht unnötig beanspruchen wolle. Maria Theresia zögerte lange, dann endlich gab sie seiner Bitte nach. Der Abschied fiel ihr sichtlich schwer. „Ich wage es, Ihnen zu gestehen, dass ich mich ganz verlassen und niedergeschlagen fühle, wie ein Kind, das seine Amme verloren hat", schrieb sie ihm traurig. „Meine Freundschaft zu Ihnen war vor fünfzehn Jahren nicht inniger, als sie es jetzt ist."[48]

Der alte „Erzieher"

Auch wenn sich Maria Theresia und Tarouca ab diesem Zeitpunkt nicht mehr häufig persönlich gegenübertraten, so blieben sie doch Vertraute. Wann immer Maria Theresia Kummer hatte oder einen ihrer vielen Schicksalsschläge zu bewältigen hatte, wandte sie sich an ihren Seelenfreund und sandte ihm ein paar Zeilen. So schrieb sie ihm zu Neujahr 1766, fast erdrückt vom Schmerz über den Tod ihres geliebten Mannes, von der Last der Geschäfte und den Anstrengungen, die sie zu bewältigen hatte: „Ich kenne mich nicht mehr, denn ich lebe wie die Thiere, ohne Begeisterung, ohne Vernunft. Ich vergesse alles. Um fünf Uhr stehe ich auf, lege mich spät zu Bett und thue doch den ganzen Tag nichts. Ich denke nicht einmal mehr. Meine Lage ist fürchterlich. Nur dann lebe ich wieder auf, wenn ich jemanden von meinen alten Freunden erblicke. Ich wünsche Ihnen ein glücklicheres Loos, als mir mein ganzes Leben hindurch beschieden war!" Oder, als ihre Kinder an den Fraisen (Epilepsie) erkrankten und Marie Antoinette eine volle Stunde das Bewusstsein verloren hatte: „Mein theurer Tarouca! Ich bin in einem Zustande, dass ich für nichts mehr Empfindung habe, als an meine Freunde zu denken und darin Trost zu finden, dass ich ihnen mein Leid klage. Ich weiss nicht mehr, was ich thue, noch was ich spreche!"[49]

So, wie Maria Theresia einst nach zehnjähriger Regentschaft bei Tarouca Rat gesucht hatte, als sie plötzlich das Gefühl hatte, Liebe und Vertrauen des Volkes und ihrer Umgebung verloren zu haben, so legte sie auch später größten Wert auf seine Meinung. Ging es um schwerwiegende Entscheidungen wie die Besetzung höchster Stellen, wie zum Beispiel, als Graf Pálffy als ungarischer Kanzler zurücktrat oder nach dem Ableben Dauns, holte sie seinen Rat ein. Ihren Mutterwitz verlor Maria Theresia auch in Zeiten tiefster Traurigkeit und Ratlosigkeit nicht, das beweist ein kleines Billet, das sie Tarouca anlässlich seines Geburtstages schickte, zu dem auch seine Tochter angereist war. „Ich habe nicht vergessen, dass Ihr kleines Schätzchen Therese angekommen ist, um Ihren Geburtstag mitzufeiern. Die dicke Therese schließt sich an, um aus ganzer Seele Sie mit zu begrüßen!"[50]

An der innigen Verbundenheit, dem gegenseitigen Vertrauen und der grenzenlosen Ergebenheit, die von Anfang an zwischen

Maria Theresia und ihrem „Seelenfreund" geherrscht hatten, änderte sich nie etwas – bis zur bitteren Neige. Die Briefe, die Tarouca der Monarchin gegen Ende seines Lebens hin schrieb, sind mit zitternder Hand verfasst. Der bald 75-Jährige, seit langer Zeit Schwerkranke schreibt in einem Brief, in dem er um Unterstützung für seinen Sohn bittet, er habe seit Monaten die größten Schwierigkeiten zu gehen und könne sich in seinem Zimmer nur mit Unterstützung seiner Diener zitternd fortbewegen. Auch in dieser schwierigen Lage bleibt er ganz hingebungsvoller Charmeur: Seine einzige Hoffnung sei, ihrer Majestät zu Füßen sinken zu können.

Gegen Ende Februar 1771 verschlechterte sich Taroucas Zustand dramatisch. Maria Theresia nahm dies zum Anlass, dem Todkranken einen letzten Beweis ihrer unbegrenzten Achtung und ihres Dankes zuteilwerden zu lassen. Eigenhändig schrieb sie ihm, sie sei schon seit vier Uhr früh in Gedanken bei ihm gewesen und sei, da sie seine aufmerksame Art kenne, sicher, ihm dabei begegnet zu sein. Sie wisse ihn als gottergebenen, bußfertigen christlichen Philosophen auf die letzte Reise wohl vorbereitet. Und wörtlich: „Welch glückliche Aussicht! Die göttliche Barmherzigkeit, die ja unendlich ist, wird Ihre Geduld krönen. Sie haben große Opfer zu bringen: eine Gattin, Kinder, Freunde, die alle ihre Liebe verdienen. Aber das ist doch nichts im Vergleich zu dem, was uns erwartet; und selbst das Glück, das wir hier genossen haben, kommt ja aus der gnadenreichen Hand unseres göttlichen Schöpfers, und je mehr er uns davon zu Theil werden liess, um so williger sollen wir es ihm zum Opfer bringen. Ich führe dies nur an, weil es die Lehren sind, die Sie bei den verschiedenen Anlässen mir zuriefen, bei denen ich mich stets wohlbefunden habe, und nicht weil ich diess zu Ihrem Troste für nöthig halte, sondern um mich zu stärken in einem Augenblicke, in dem ich es so sehr bedarf. Verliere ich doch einen meiner ältesten und achtbarsten Freunde. Ich habe keinen solchen mehr und fühle die ganze Bitterkeit des Schmerzes. Für immer Ihre wohlgewogene und treue Freundin Theresia."[51]

Wenige Tage später, am 8. März 1771, verstarb Tarouca. Das Wiener Diarium meldete am 13. März 1771, „seine Exzellenz, der hochgeborene Herr Emanuel Telles Herzog zu Sylva Graf v. Tarouca, Ritter des Goldenen Vliesses, Ihrer rhöm. kaiserl. auch kaiserl. königl. apost. Majestäten wirkl. geheimer Rath, und Kämmerer", habe „im 75sten Jahre seines Alters, das Zeitliche mit dem Ewigen verwechselt".[52]

Joseph von Sonnenfels

* 1732 oder 1733 in Nikolsburg in Mähren (heute Mikulov)
† 25. April 1817 in Wien

4. Kapitel
Joseph von Sonnenfels

Publizist, Aufklärer, Jurist und Staatsmann, einer der wichtigsten Berater Maria Theresias

> *„Denn nach allem, was ich sonst von ihm höre, muß es der unerträglichste Narr auf Gottes Erdboden sein (…).“*

Gotthold Ephraim Lessing über
Joseph von Sonnenfels

Es war eine Szene, wie sie selbst die ehrwürdige Schottenkirche auf der Wiener Freyung selten erlebt hatte. Da betrat im September 1735 der Jude Lipman Perlin, einen etwa zwei Monate alten Säugling im Arm und zwei Knaben im Alter von zwei und vier Jahren neben sich, das Gotteshaus und durchmaß feierlichen Schrittes das Kirchenschiff. Ihm folgte eine ganze Reihe hochrangiger, adeliger Persönlichkeiten. Am Taufbecken hielt die illustre Gruppe an. Dann vollzog ein Priester die Taufe des Vaters und seiner drei Söhne. Später vermerkte ein Mönch im Taufbuch: „Den 18. Septemb. Anno 1735 ist getauft worden ein Jud (…).“[53]

Nach der Taufe nannte sich Lipman Perlin Aloysius Wienner. Die Söhne hatten die Namen Carl, Joseph und Franz erhalten. Als Taufpate von Joseph fungierte Fürst Carl von Dietrichstein. Zu diesem Zeitpunkt konnte freilich noch niemand ahnen, dass aus dem kleinen Joseph Wienner einmal Joseph Freiherr von Sonnenfels werden sollte, der unermüdliche Kämpfer für Aufklärung, Toleranz und Freiheit, einer der wichtigsten Berater Maria Theresias.

Über die familiären Wurzeln der frisch gebackenen Christen namens Wienner ist nicht viel bekannt. Nur so viel: Josephs Großvater war ein israelitischer Gelehrter und Oberlandesrabbiner der

Mark Brandenburg in Berlin, unter den Ahnen gab es bedeutende jüdische Gelehrte und sogar einen „Wunderrabbi". Über Josephs Mutter aber weiß man überhaupt nichts.

Lipman Perlin kam über Eisenstadt nach Nikolsburg in Mähren. Dort regierte als Grundherr Fürst Carl von Dietrichstein, und dieser war von dem hochgelehrten Mann, der immerhin fünf orientalische Sprachen beherrschte, angetan. Er zeigte ihm sein Wohlwollen und sorgte dafür, dass zwei seiner Söhne, Joseph und später auch Franz, in das Piaristengymnasium in Nikolsburg aufgenommen wurden. Joseph trat in seinem siebten Lebensjahr als Konviktszögling in die „schola parva" ein. Viel später erwähnte er in einem Essay über seine frühe Jugend zwar, dass er dem Haus Dietrichstein viel zu verdanken habe, gestand aber auch, dass seine Lernerfolge äußerst mäßig gewesen seien: Er habe Latein gesprochen „wie der Hirt auf den hungarischen Haiden".

Während sich Joseph im Nikolsburger Internat befand, übersiedelte der Vater mit Franz und Carl nach Wien. Von jemandem, der sein Zutrauen erschlichen hatte, war er um sein ganzes Vermögen gebracht worden. Er wohnte im Haus „Zum grünen Thor" in der Vorstadt Laimgrube und verdingte sich als herrschaftlicher „Kuchlschreiber" im Palais Dietrichstein, führte also die Küchenbuchhaltung. Später avancierte er zum Hausinspektor. Auch das war zwar der Bildung und Fähigkeit des Mannes nicht angemessen, bot ihm jedoch die finanzielle Basis für eine neuerliche Ehe. Er heiratete 1742 ebenfalls in der Schottenkirche Maria Anna Ruthenstock, eine Wirtstochter aus der Leopoldstadt. Diesmal erfolgte die Eintragung bereits als „Wohl Edler Herr". Wenige Jahre später gelang ihm, vermutlich wiederum mit Hilfe der Familie Dietrichstein, doch noch ein adäquater Aufstieg: Er wurde wegen seiner Sprachkenntnisse als Magister an die Universität berufen und war als Orientalist ein gefragter Dolmetscher. Aufgrund seiner Verdienste wurde er 1746 geadelt und erhielt den Titel „von Sonnenfels", den auch seine Söhne Joseph und Franz übernahmen – Carl war bereits 1741 an Lungenschwindsucht verstorben.

Im Alter von 13 Jahren endete Josephs Gymnasialzeit in Nikolsburg. Er zog zu seinem Vater nach Wien, lebte auf der Laimgrube, in der sich damals in nur 40 allerdings geräumigen Häusern an die 6400 Einwohner drängten, und die heute Teil des Bezirks Mariahilf ist, wie in einem Dorf – und hatte keinen Plan. Wie er später notierte, lebte er in dieser Zeit verwahrlost, „ohne Zucht und Leitung". Er spielte immer wieder mit dem Gedanken, Geistlicher zu werden. Mit 16 endlich entschloss er sich, zum Militär zu gehen. Er entschied sich für die Deutschmeister, die damals in Klagenfurt stationiert waren. Von nun an trug er die schneidige weiße Uniform mit den hellblauen Aufschlägen und bis an die Knie reichenden Gamaschen. Er hielt sich gut bei den Soldaten, brachte es bis zum Unteroffizier und hatte Zeit und Muße, Sprachen zu lernen: Französisch von Deserteuren und das Tschechische, als das Regiment nach Böhmen verlegt wurde – von Mädchen in Sobotka und Jungbunzlau.

Nach fünf Jahren Drill, Exerzieren und Teilnahme an diversen Manövern hatte er schließlich genug vom Soldatenberuf. Er quittierte den Dienst, kehrte nach Wien zurück und begann, Rechtswissenschaften und Philosophie zu studieren. Besonders beeindruckend fand er die Vorlesungen des Professors für Naturrecht, Karl Anton Martini. Sein gedrängter und überzeugender Vortrag hätten ihn erst denken gelehrt, erinnerte er sich später. Nach zwei Jahren war sein Studium abgeschlossen und er begann – ohne Entgelt –, bei Advokat Graf Hartig als Rechtspraktikant zu arbeiten. Zwei Jahre lang. Ganz nebenbei erlernte der überaus sprachbegabte frisch gebackene Jurist zu Hause die Rabbinersprache und Hebräisch, sein Vater hielt nämlich für Geistliche Vorlesungen in diesen Sprachen.

Gebildet, aber ohne Anstellung

Erstklassige Ausbildung und Sprachkenntnis waren damals wie heute keine Garantie für einen fixen Job. Sonnenfels war bereits 28 Jahre alt, lebte immer noch im Haus seines Vaters und fand einfach keine feste, halbwegs gut dotierte Anstellung. Seine Zeit wusste er dennoch zu nutzen. Er entwickelte ein großes Interesse an der deutschen Sprache. Und das in einer Zeit, in der das Hochdeutsche in Wien so gut wie inexistent war. Der Adel sprach Französisch – oder was er dafür hielt –, Gelehrte und Künstler unterhielten sich gerne auf Italienisch und das Volk, ja das Volk kommunizierte in einem Kauderwelsch aus Deutsch, Böhmisch, Ungarisch, Französisch und anderen Sprachen. Eine reguläre Schriftsprache existierte nicht. Gerade in diesem Punkt sah Sonnenfels einen echten Missstand.

Den endgültigen Anstoß dazu, diesen zu beheben, erhielt er in der kaiserlichen Hofbibliothek, der heutigen Nationalbibliothek, in der er oft zeitgenössische deutsche Werke studierte. Der Zufall wollte es, dass ihm auf dem Tisch eines Beamten die wöchentlich erscheinende Zeitschrift „Briefe über die neueste Literatur" des Berliners Friedrich Nicolai in die Hände fiel. Darin fand er den folgenden Absatz: „Oesterreich hat uns noch keinen einzigen Schriftsteller gegeben, der die Aufmerksamkeit des übrigen Deutschlands verdient hätte: der gute Geschmack ist, wenigstens was das Deutsche betrifft, daselbst kaum noch in seiner Kindheit, kaum noch da, wo Sachsen und Brandenburg schon um das Jahr 1730 waren. Scheib, Schöneich, Gottsched, die das ganze übrige Deutschland auspfeift, heißen daselbst noch Dichter und dennoch ist von diesen elenden Schriftstellern kaum einer ein Eingeborner."[54]

Sonnenfels war wütend, empört. Bald aber musste er einsehen, dass dies mehr war als eine bösartige Beleidigung, ja, dass Nicolai recht hatte. Er entschloss sich dazu, sein Land, seine Sprache zu verteidigen, als Schriftsteller. Und zwar als einer, der über die

Grenzen Österreichs hinaus Anerkennung finden sollte. Er trat in die „gelehrte deutsche Gesellschaft" ein, die Josef Anton von Riegger gegründet hatte. Dort hielt er Vorträge über die deutsche Literatur – bis die mit so viel Enthusiasmus initiierte Gesellschaft sanft entschlief und sich auflöste.

Für Sonnenfels wurde indes das Thema, endlich selbstständig zu werden und dem Vater nicht mehr auf der Tasche zu liegen, immer dringlicher. Er bewarb sich um eine Lehrkanzel für deutsche Literatur und wurde – wieder einmal – abgelehnt. Eine andere adäquate Stelle aber fand sich nicht. Maria Theresia hatte sich zu dieser Zeit davon überzeugen lassen, dass in der neu organisierten Arcièrengarde ein kompetenter Rechnungsführer von Vorteil sei. Nicht ahnend, was für eine tragende Rolle dieser Mann später noch im Staat spielen sollte, betraute sie Sonnenfels ab dem 1. Mai 1761 mit diesem Posten. Für das karge Salär von 400 Gulden war dieser nun mit „Vorzählen von Gagen, Summieren der Federbüsche, Knöpfe und Borden, Röcke und im Ziffernschreiben oder, wie die Rechenleute auszudrücken pflegen: im Nullenspalten"[55] beschäftigt, wie er sich später erinnerte.

So wenig diese Stelle Sonnenfels' Kenntnissen und Fähigkeiten entsprach, so eindeutig stellte sie doch die Weichen für sein weiteres Leben. Bei der Garde war zu jener Zeit General Ernst Gottlieb Freiherr von Petrasch, ein hochgebildeter Mann. Er wurde auf seinen hochbegabten Untergebenen aufmerksam und lud ihn privat zu sich und seiner Gemahlin ein. „Ich sah mich mit der Vertraulichkeit eines Freundes, ich sah mich mit der Liebe eines Sohnes, mit der Innigkeit eines Bruders behandelt",[56] schrieb Sonnenfels später in seinen Erinnerungen. Bei der gegenseitigen Achtung aber blieb es nicht. Petrasch war es, der Sonnenfels an höherer Stelle, möglicherweise sogar beim allmächtigen Staatskanzler Kaunitz persönlich empfahl. Und das zeigte Wirkung.

Sonnenfels wurde 1763 zum Professor des neu geschaffenen Lehrstuhls für „Polizey- und Kameralwissenschaften" der Universi-

Joseph von Sonnenfels nach seiner Ernennung zum Professor an der Universität Wien.

tät Wien berufen, Vorläufer der Politik- und Staatswissenschaften der juridischen Fakultät. Jetzt war er auf dem richtigen Weg. Es galt allerdings noch, einige Steine aus dem Weg zu räumen. Zum einen hatte Maria Theresia es verabsäumt, ihn ganz offiziell zum Inhaber des Lehrstuhls zu ernennen und holte dies erst später nach. Und zum anderen hatte es der neu ernannte Herr Professor in vornehmer Zurückhaltung verabsäumt, über das Honorar zu sprechen. Das bittere Ergebnis: Man versuchte, ihn mit 500 Gulden jährlich abzuspeisen.

Sonnenfels traf der ganz unwürdige Betrag besonders hart. Ein halbes Jahr vor seiner Ernennung zum Professor hatte er nämlich geheiratet. Er war am 12. Mai 1763 in der Dompfarre St. Stephan in Wien mit Maria Theresia von Hay, einer um 15 Jahre jüngeren Tochter eines Oberamtmanns aus Fulnek in Mähren getraut worden. Dass es eine echte Liebesheirat war, lässt die Beschreibung vermuten, die der glückliche Ehemann seinem Leipziger Freund Christian Adolf Klotz einige Jahre später in einem Brief gab: „Theresia ist ein sehr schönes Weib; nur erst 22 Jahre alt, groß, schlank, mit dem Wuchs einer Grazie, und der lieblichen Bildung der Mutter Venus. Die Sanftmut lacht ihr aus dem Gesicht, und ihr Blick täuscht nicht. Traurig sein, kann sie wohl, wenn ihr Mann unartig ist, aber böse zu werden, weiß sie nicht. Alles, was sonst die Freude eines, wie die Männer sagen, eitlen Geschlechtes ausmacht, Kleider, Putz usw. ist nicht die ihrige: sie ist das genügsamste Weib, das nie an mich eine Forderung gemacht hat, es immer mit reger Freude annimmt (…) ist sie die getreue Teilnehmerin meiner Sorgen, meine Ratgeberin, meine Trösterin. Kurz, der Himmel hat ihr alles gegeben, was sie liebenswürdig, und mich glücklich machen kann."[57]

Bei aller Genügsamkeit der jungen Ehefrau – das bescheidene Gehalt reichte nicht aus. In seinen Erinnerungen erwähnt Sonnenfels die finanzielle Misere der damaligen Zeit. Die 500 Gulden, die man ihm, dem Ersten in diesem Lehramt, zubilligte, hätten nach Abzug der auf das sparsamste berechneten Ausgaben für Hausmiete, Holz, Licht und dergleichen Bedürfnisse täglich gerade noch für eine gesalzene Wassersuppe für ihn und seine Frau gereicht.

Der „österreichische Montesquieu"

Das junge Paar musste nicht lange darben. Wieder verwendeten sich hochgestellte Persönlichkeiten für Sonnenfels und schließlich wurde sein Gehalt auf 1200 Gulden angehoben. Dass er sein Geld wert war und dass der vielseitig gebildete, mittlerweile neun Sprachen beherrschende Mann sich zu einem wahren Tausendsassa entwickelte, sollte sich bald zeigen. 1765 erschien der erste von drei Bänden seines Rechtslehrwerks mit dem Titel „Polizey" (Sonnenfels verwendet die Begriffe Polizei und Gesetzgebung gleichbedeutend), es folgten die Bände „Handlung" und „Finanz". Schon mit diesen Werken wies sich Sonnenfels nach den Worten des Historikers Alfred von Arneth als „Dolmetsch der neuen Ideen aus, welche den ganzen Continent durchzogen"[58]. In den folgenden Jahren gelang es ihm, diese Ideen zu verteidigen und zu realisieren, oft gegen härtesten Widerstand. Er entwickelte sich zum stärksten Vertreter der Aufklärung, spießte mit glühender Feder alles auf, was ihn rückständig, verzopft oder ungerecht anmutete, und wurde zum „österreichischen Montesquieu".

Als echter Pionier des Fortschritts und der Veränderung, als „Inslebengreifer und Durchslebengreifer", wie ihn Franz Gräffer in L. A. Frankls „Sonntagsblättern" nannte, setzte er sich für Reformen im Erziehungswesen ein, wurde zum Kämpfer gegen Ignoranz und Analphabetismus. Gerade in diesem Punkt gelang ihm ein diplomatisches Kabinettstück. Überzeugt von den Ideen der Aufklärung, denen zufolge das Volk der Träger des Staates und somit dessen Erziehung und Schulbildung von größter Bedeutung waren, suchte er nach Möglichkeiten, die Allgemeinbildung des Volkes zu heben, und zwar auf öffentliche Kosten. Maria Theresia aber war konservativ und streng katholisch, sie war noch dem Absolutismus verhaftet, mündige Bürger heranzuziehen war für sie mithin kein Thema. Also argumentierte Sonnenfels: „Wenn also durch die Lehren der Religion, durch die Erziehung und Wissenschaften die Sitten der Jugend gebildet und ihre Neigungen dem Endzwecke des Staates gemäß geleitet werden, so ist außer allem Zweifel, daß sich die Folgen dieser Sorgfalt an den erwachsenen Bürgern offenbaren werden."[59]

Er stellte die Schule als Möglichkeit dar, Zöglinge auf die Untertänigkeit gegenüber Gott und Herrscher vorzubereiten – und das leuchtete Maria Theresia ein. Sie beauftragte Johann Ignaz Felbiger mit einer Studie zur Bildungsreform. Seine „Allgemeine Schulordnung für die deutschen Normal-, Haupt- und Trivialschulen" geriet zur Basis des auch heute noch bestehenden Bildungssystems. Und Maria Theresia führte die sechsjährige Unterrichtspflicht in der Volksschule ein.

Damit sah sich Sonnenfels auf seinem fast utopischen Weg zur „Glückseligkeit" einen Schritt weitergekommen: dem Volk mehr Wissen, dem Monarchen mehr Einsicht.[60]

In den folgenden Jahren schrieb Sonnenfels über 150 Bücher, unzählige Pamphlete und Texte zu unterschiedlichsten Themen wie Nationalökonomie, Finanzwissenschaft oder Merkantilismus. Er zog gegen alles zu Felde, was er in seiner Zeit als Missstand betrachtete: gegen Aberglauben und Selbstsucht, gegen die Vorurteile des Adels, die Überzahl und Zwecklosigkeit der Klöster, gegen die Praxis der Kirche, Verbrechern Asyl zu gewähren und vieles mehr. Sonnenfels in seinen „Erinnerungen": „Ich hielt es für die Pflicht meines Standortes, mit dem Aberglauben, dem Vorurtheile, mit dem Ansehen, der Geburt, und dem Eigennutze nicht zu heucheln."[61]

Sonnenfels gründete mehrere Zeitschriften wie „Der Verkannte", oder Frauenzeitschriften wie „Theresia und Eleonore" und „Das weibliche Orakel". In der 14-tägig erscheinenden Zeitschrift „Der Vertraute" kritisierte er die Vorrechte des Adels und musste hinnehmen, dass sie nach acht Ausgaben von der Zensur verboten wurde. In der 1765-1767 wöchentlich erscheinenden Zeitschrift „Der Mann ohne Vorurteil" versuchte er die Bürger aufzurütteln und die Regierenden dazu zu bringen, ihre Untertanen zum Nutzen aller in eine neue Zeit zu führen: „Ein aufgeklärtes Volk gehorchet, weil es will; ein durch Vorurteile geblendetes, weil es muß."[62]

Dass es Sonnenfels bei seinen freimütigen Ansichten und seiner beißenden Kritik nicht an Feinden fehlte, versteht sich von selbst. Gegen den „Nikolsburger Juden" wurde zeitweise richtig mobilgemacht. Er sah sich mit heimlichen und öffentlichen Denunziationen konfrontiert. Seine Äußerungen sorgten in bürokratischen und höheren Kreisen für regelrechten Aufruhr. Er wurde als Religionsspötter, Beleidiger der Majestät und Verführer der Jugend bezeichnet. 1767 zog das sogar eine öffentliche Untersuchung nach sich. Das Ergebnis: Sonnenfels wurde zum k.k. Rat ernannt.

Wo viel Licht ist, ist auch viel Schatten. Diese alte Weisheit traf auch auf den Charakter von Sonnenfels zu. Er war überaus vielseitig interessiert, von unermüdlichem Arbeitseifer, geistreich und witzig, er dachte großzügig und war seiner Zeit in seinen Ansichten weit voraus. Er war aber auch ein penetranter Egoist, erfüllt von maßlosem Eigendünkel, eifersüchtig und unduldsam, in seinem Streben nach Ehren und Würden nahezu von Ehrgeiz zerfressen. Das alles lieferte seinen Gegnern verständlicherweise Angriffspunkte in Hülle und Fülle. Und doch: durch Beschimpfungen und Schmähungen ließ er sich nicht entmutigen. Im Gegenteil, sein Kampfgeist wurde dadurch sogar noch mehr entfacht.

Wann immer es Sonnenfels mit den Angriffen auf seine Person zu bunt wurde, flüchtete er zu Maria Theresia. Sie empfand ihn zeitweise sicher als richtige „Nervensäge", stand ihm aber das nur wenigen Personen gewährte Privileg zu, sie sogar vom Piquet-Spieltisch wegrufen zu lassen – nicht zuletzt, weil Maria Karolina, eine ihrer Töchter, zu seinen heimlichen Anhängern zählte und für ihn immer wieder ein gutes Wort einlegte. Eine dieser Szenen schildert Gerhard Herm: „Was is'? Sekkieren's Ihn schon wieder? Hat Er was gegen Uns g'schrieb'n? Das ist ihm von Herzen verzieh'n. Ein echter Patriot muß wohl manchmal ungeduldig wer'n. Ich weiß aber schon, wie Er's meint. Oder gegen die Religion? Er ist kein Narr. Oder gegen die guten Sitten? Das glaub' ich nicht, Er is' ja kein

Josef Anton Stranitzky im Hanswurst-Kostüm. Die derb-ordinären Späße im von Stranitzky eingeführten Stegreiftheater waren Sonnenfels ein Dorn im Auge.

Saumagen. Aber wenn Er etwas gegen die Minister geschrieben hat, ja, mein lieber Sonnenfels, da muß Er sich selber heraushau'n. Da kann ich ihm nicht helfen. Ich hab' ihn ja oft genug gewarnt."[63]

Im Jahr 1767 unternahm Sonnenfels eine Reise nach Leipzig. Dort wurde er in die Freimaurerloge „Balduin" aufgenommen. In Wien trat er fünf Jahre später in die Loge „Zur wahren Eintracht" ein, hatte die Funktion des Redners inne und wurde im folgenden Jahr deputierter Meister. 1784 wurde er Großmeister der Distriktsloge „Zur wohltätigen Eintracht". Er gilt auch als Oberhaupt der Wiener Illuminaten.[64]

Zurück in Wien sagte er nun endgültig dem Wiener Volkstheater den Kampf an, und das zu Recht. Auf den Wiener Bühnen ging es zu jener Zeit überaus derb, primitiv und unflätig zu. Zentrale Figur der Theater-Unterhaltung war seit den ersten Jahrzehnten des Jahrhunderts die ursprünglich von Joseph Anton Stranitzky kreierte Figur des Hanswurst, der in der Tracht eines Salzburger Bauern in Joppe und Hut mit breiter Krempe auftrat und dazu eine Narrenpritsche trug. Man spielte im Stegreif, und was das Publikum zum Johlen und Grölen brachte, waren parodistische Haupt- und Staatsaktionen, gespickt mit derben Späßen und possenhaften Auftritten. Dass das entfesselte Publikum auf der Bühne heruntergelassene Hosen und nackte Hinterteile zu sehen bekam, war keine Seltenheit.

Auf den 1725 verstorbenen Stranitzky folgte zuerst Gottfried Prehauser, er machte den Hanswurst zu einer eher drolligkomischen Figur. 1737 betrat die Wiener Theaterbühne der zu diesem Zeitpunkt erst zwanzigjährige Allgäuer Johann Felix von Kurz. Er nannte sich „Bernardon" und begeisterte das Publikum mit seinen improvisierten Texten, gekonnten Extempores, den so genannten „Bernardoniaden". Kurz gilt übrigens auch als Schöpfer des Couplets, die Musik dazu lieferte kein Geringerer als der junge Joseph Haydn.

„Der Mann ohne Vorurteil"

1751 wurde eine Hofzensurstelle eingerichtet, deren Macht allerdings begrenzt war. Da Theaterstücke mit vorgegebenem, von den
Schauspielern zu erlernendem Text zu dieser Zeit noch sehr selten
waren und auf der Bühne hauptsächlich Stegreif gespielt wurde,
gab es nichts zu zensurieren. Und so konnten einerseits Hanswurst,
andererseits Bernardon ihre derb-ordinären Possen reißen und das
Publikum zu Lachstürmen animieren. Maria Theresia sah das mit
größtem Argwohn. Schon 1752 verfügte sie, dass die Komödie nur
noch aus dem französischen, welschen oder spanischen Theater
kommende Stücke spielen und die Kompositionen von Bernardon
aufgehoben werden sollten.

Viel Erfolg hatte die gestrenge Regentin vorerst allerdings
nicht. Auf den Wiener Bühnen wurde zum Gaudium der Zuschauer
weiterhin unflätig gereimt und extemporiert. Sonnenfels, dem die
deutsche Sprache ja seit Langem ein Anliegen war, sann auf Gegenmaßnahmen. Nicht zuletzt, weil er wie später Lessing und Schiller
der Meinung war, die Schaubühne sei eine moralische Anstalt, geeignet, auf Sitten, Umgang und vor allem Reinheit der Sprache
Einfluss zu nehmen. Sein Bekenntnis zum Theater: „(…) für einen
Menschen in Wien, der nicht Lust hat, sich durch die (Spiel) karten
zugrunde zu richten, vollends unentbehrlich."[65]

In diesem Sinn begann Sonnenfels, gegen die Zoten auf der
Bühne zu wettern, gegen den Schmutz und Schund, den Hanswurst verkörperte, sogar von seiner Lehrkanzel aus. In seiner Zeitschrift „Der Mann ohne Vorurteil" zog er über die Theaterszene
her: „(…) ich wünsche, diese Possen von der Schaubühne auf ewig
verwiesen, und zwar gesetzmässig verwiesen seyn sollen (…)."[66]

Das freilich fanden die Komödianten alles andere als komisch.
Sie schlugen umgehend zurück und brachten im Kärntnertorthea-
ter das Stück „Der Jodler nach der Mode" auf die Bühne, in dem

sie den selbst ernannten Theaterpapst als lächerliche Figur darstellten, ihn verhöhnten und verspotteten. Einige gingen sogar so weit, Porträts von Bernardon und Sonnenfels so in Kupfer stechen zu lassen, dass die beiden Köpfe einander anblickten.

Sonnenfels wandte sich angesichts solcher Angriffe – wieder einmal – an Maria Theresia. Diese notierte: „Die Comödianten sind eine Bagage und bleiben eine Bagage und der Herr Hofrath von Sonnenfels könnte auch was Besseres thun als Kritiken schreiben. Maria Theresia."[67]

Dabei aber ließ sie es nicht bewenden. Sonnenfels war von ihr Anfang 1770 mit der Zensurkommission betraut worden. Diese entzog sie ihm nach nur sieben Monaten wieder und wies ihn streng an, sich bei Verlust seines Dienstes nicht weiter in „Theatralsachen" zu mengen. Kaum war Sonnenfels vom Thron eines „Theaterpapstes" gestürzt, formierten sich seine „Feinde" aber erst recht. Dieser ließ sich dadurch nicht beirren, er zog weiter gegen die „Bagage" zu Felde und wurde damit tatsächlich zum Reformator der Bühne, wenn auch nicht sofort. Auf einen durchschlagenden Erfolg musste er warten, bis nach dem Tod Maria Theresias Joseph II. an die Macht kam. Dieser verbot auf Betreiben von Sonnenfels per Handbillet die Stegreifkomödie und den possenreißenden Hanswurst. 1782 dehnte er die Theaterzensur auf die gesamte Monarchie aus und erneuerte das Extemporierverbot. Damit konnte die „Literarisierung" des Theaters ihren Lauf nehmen.

In seinem Bestreben, das Theater aufzuwerten und qualitätsvolle Stücke auf die Bühne zu bringen, unternahm Sonnenfels um das Jahr 1770 den Versuch, Gotthold Ephraim Lessing nach Wien zu holen. Lessing hatte bereits seine ersten Lustspiele veröffentlicht, war 1768 als Dramaturg und Kritiker am Deutschen Nationaltheater in Hamburg zurückgetreten und eigentlich auf „Jobsuche". Zu Wien hatte er insofern einen Bezug, als seine Lebensgefährtin Eva König mehrmals an die Donau kam, um eine Erbschaftssache abzuwickeln. Sonnenfels trat sogleich in Kontakt mit ihr und nahm sie freundschaftlich auf. Schon schienen sich die Dinge positiv zu entwickeln, da beging die Witwe von Christian Adolf Klotz in Halle die Indiskretion, den Briefwechsel zwischen Sonnenfels und ihrem verstorbenen Mann zu veröffentlichen. So ein Pech aber auch, in einem schrieb Sonnenfels nämlich, „(…) Lessing habe den Ruhm eines guten Mannes weniger als Klotz". Das schlug ein wie eine Bombe. Lessing, erbitterter Rivale von Klotz, schäumte vor Wut. In einem Brief an Eva schrieb er über Sonnenfels das eingangs Zitierte: „Da er Sie (…) so freundlich aufgenommen hat, so kann ich auf ihn nicht ganz böse sein, welches ich sonst von Grund der Seele wollte. Denn nach allem, was ich sonst von ihm höre, muß es der unerträglichste Narr auf Gottes Erdboden sein."[68]

Eva König berichtete Lessing im Dezember 1770 auch umgehend von der Stimmung, die in Wien gegen Sonnenfels herrschte. „(…) wie sich die ganze Stadt freut, wenn der Herr von S. gekränkt wird. Sie können nicht glauben, was der Mann für Feinde hat (…). Je näher ich den Mann kennenlerne, je weniger wundre ich mich, daß er so bald von seiner Höhe wieder herabgesunken. Sein Stolz und Eigenliebe überschreiten alle Gränzen. Vielleicht, daß diese kleine Demütigung ihn bessert, was ich von Herzen wünsche (…)."[69]

Die Wogen glätteten sich tatsächlich. Maria Theresia schätzte Sonnenfels als kompetenten Ratgeber. Sie wies ihm bei zahlreichen Reformen wie der mariatheresianischen Rechtsreform und den Verwaltungsreformen eine wichtige Rolle zu und betraute ihn mit zahlreichen Ämtern. Er wurde Sekretär der k.k. Akademie der bildenden Künste, Regierungsrat, Wirklicher Hofrat, Beisitzer der Studien- und Zensurkommission, Beisitzer und später „Vize-Präsident der Hofcommission in Gesetzessachen". Die Reihe der von ihm ausgearbeiteten Gesetzeswerke reicht von der Polizeiordnung bis zur Gesindeordnung, vom Wucherpatent bis zu Verordnungen über eine bessere öffentliche Beleuchtung.

1776 reformierte Sonnenfels als Direktor der Illuminations-anstalt die öffentliche Beleuchtung der Stadt Wien mit Öllampen. Dieses Amt bescherte ihm nicht nur die volle Zufriedenheit Maria Theresias und den Hofratstitel, sondern auch eine seinen Charakter treffend beschreibende Anekdote: Eines späten Abends fuhr Sonnenfels mit einem ortsfremden Gelehrten von Schönbrunn zurück in die Stadt. Die Glacis-Laternen brannten lustig, der Himmel war bewölkt. Plötzlich trat der Mond hervor und erhellte die Stadt. „Welch herrliche Beleuchtung!", rief der Fremde aus. Darauf Sonnenfels in dem Glauben, dieser meine die Laternen, die er eingeführt hatte: „Sie ist auch von mir."

Der Grund, warum die Wiener Straßenbeleuchtung so gut funktionierte, war übrigens ein einfacher. Sonnenfels hatte angeordnet, dass die Laternen aus weißem Glas im Abstand von sechzehn Schritt an eisernen Stangen an die Häuser gehängt werden sollten. Und dafür, dass sie wirklich leuchteten, sorgten besoldete Laternenanzünder in Uniform. Das Amt des Beleuchtungsdirektors sollte Sonnenfels später dann noch einiges an Ungemach bereiten: Er sah sich mit dem Vorwurf konfrontiert, er habe seinen Bruder Franz unter falschem Namen mit der Öllieferung betraut. Der Fall geriet zur Affäre, schließlich tauchte der Vorwurf auf, die „Freunde" Sonnenfels' – gemeint waren die Freimaurer – hätten eine Untersuchung verhindert.

Eine andere Anekdote erzählt von Sonnenfels' Gewohnheit, viel und gern zu reden und vor allem sich selbst gern reden zu hören: Ein Bittsteller soll eine Stunde vor ihm gestanden haben – ohne ein Wort zu reden. Sonnenfels allein sprach ununterbrochen. Sonnenfels später: „Mit dem jungen Manne habe ich mich trefflich unterhalten, er hat Talent."

Sein einst in jugendlichem Eifer gestecktes Ziel, ein weit über die Grenzen Österreichs hinweg bekannter Schriftsteller zu werden, erreichte Sonnenfels nicht. Er schrieb und arbeitete mit geradezu fieberhaftem Eifer praktisch rund um die Uhr, literarische Lorbeeren aber konnte er nicht für sich gewinnen. Das, was ihm weit über seine Zeit hinaus unvergesslichen Rang verlieh, waren seine zukunftsorientierten, der Aufklärung verpflichteten Arbeiten. Dass Sonnenfels lange vor Metternich die „Staatspolizey" zum obersten Kontrollorgan im Staat erhob, ist der dunkle Fleck in seiner Biografie. Seine Rolle im literarischen Leben Wiens hingegen ist unbestritten: Er betrieb die Gründung des Wiener Burgtheaters und setzte sich vehement für die neue hochdeutsche Schriftsprache ein. Sein Bestreben war, das am Alten festhaltende Österreich vorwärtszubringen, Missbräuche abzustellen und Neuerungen zu fördern. Er hatte großen Anteil an der Abfassung des „Judenpatents", vollbrachte Großes in der Leitung des Studienwesens – was ihm den Namen „Universitätspascha" eintrug – und war maßgeblich an der Abschaffung der Folter beteiligt.

Das Ende der Tortur

Im Jahr 1768 ersetzte Maria Theresia die alte Halsgerichtsordnung durch die neue Gerichtsordnung „Constitutio Criminalis Theresiana". Daran, sie modern und human zu gestalten, hatte die Monarchin allerdings nicht gedacht. Obwohl sich in ganz Europa Gelehrte längst vehement gegen Folter und Todesstrafe ausgesprochen hatten, enthielt das neue Gesetz noch detailliert alle möglichen Foltergrade wie den Daumenstock, das Binden, Schnüren und Liegen auf der Leiter, den Staupenschlag, die Rutenstreiche, Brandmarkung, Verstümmelung der Gliedmaßen, Stockstreiche und öffentliche Arbeiten wie Straßenkehren. Die Todesstrafe war in eine harte und eine gelinde unterschieden. Zur Ersteren gehörten das Lebendigverbrennen, das Lebendigpfählen, das Vierteilen, das Radbrechen von unten oder oben, das Zwicken mit glühenden

Zangen und das Riemenschneiden. Die gelinde Todesstrafe bestand – was für eine Wohltat – im Enthaupten oder Hängen.

Sonnenfels war kein Mann, der ein Gesetz wie dieses widerspruchslos hinnehmen konnte. Er wetterte von seinem Lehrstuhl aus dagegen, mit dem Erfolg, dass ihm von höchster Stelle untersagt wurde, sich weiter über dieses Thema zu verbreitern: „Er soll aufhören, so anzüglich zu reden, weil er sonst entfernt werden muss", ließ ihm Maria Theresia durch einen Boten ausrichten. Sonnenfels aber gab nicht auf. Constantin Wurzbach schildert die weiteren Ereignisse im „Biographischen Lexikon": „Er sagte dem Ueberbringer dieser Nachricht: ,Er lasse Ihre Majestät bitten, sie solle ihm die Gnade gewähren, einen Vortrag über den Gegenstand machen zu dürfen.' Die Kaiserin gewährte die Bitte und bestimmte einen Tag zur Audienz. Als Sonnenfels in den Audienzsaal getreten war, ließ sich die Kaiserin auf einen Sessel nieder und Sonnenfels begann – nach damaliger Hofsitte auf einem Knie ruhend – den Vortrag. Die Kaiserin nahm wahr, daß ihm diese Stellung beschwerlich sei und sagte zu ihm: ,Knie er sich näher zu mir und lege er seine Schriften auf meinen Schooß.' Sonnenfels kam diesem Auftrage nach und hielt mit seiner bekannten Rednergabe einen glänzenden Vortrag für Abschaffung der Tortur. Am Schlusse dieses Vortrages traten der von demselben tief ergriffenen Kaiserin Thränen in die Augen, und in diesem Augenblicke vergaß Sonnenfels die Hofsitte, erhob sich von den Knien und sprach mit Begeisterung die Worte: ,Wenn Europa diese Thränen in den Augen der größten Monarchin unserer Zeit gesehen hätte, so würde es keinen Augenblick zweifeln, daß die Tortur in Oesterreich sogleich abgeschafft wird.' Die Kaiserin trocknete die Thränen, legte ihre Hand auf des Redners Schulter und sagte zu ihm: ,Laß Er's gut sein, die Tortur wird abgeschafft.'"[70]

Maria Theresia hielt Wort. Am 2. Jänner 1776 wurde öffentlich kundgemacht, dass in den österreichischen Staaten die Tortur auf-

Justitia verjagt die Tortur: Das Titelblatt zu dem Werk „Über die
Abschaffung der Tortur" von Joseph von Sonnenfels aus dem Jahr 1775.

gehoben sei. Diesem Beispiel folgten bald alle Staaten Europas. Ein
Verdienst von Sonnenfels.

Als nach dem Tod Maria Theresias Joseph II. an die Macht
kam, begann der Stern von Sonnenfels zu sinken. Nicht zuletzt,
weil jetzt Persönlichkeiten in Machtpositionen gelangten, die ihm
alles andere als positiv gesinnt waren. Joseph II. erließ das Toleranzpatent und das Judenpatent, beides Neuerungen, die ganz im Sinne
des großen Aufklärers Sonnenfels waren. Eine wichtige Rolle kam
ihm dabei jedoch nicht zu.

Auch als Leopold II. 1790 die Regierung übernahm, wurden
Sonnenfels' Dienste zwar vielfach in Anspruch genommen, zu einem Vertrauten des Kaisers aber wurde er nicht mehr. Leopold hatte
ihn bereits 1778 in seinen Notizen charakterisiert: „Dieser Sonnenfels ist Sohn eines getauften Juden, ein Mann von großem Talent,

Auf dem berühmten Maria-Theresien-Denkmal an der Ringstraße erhielt
Joseph von Sonnenfels neben Haugwitz und Martini einen Ehrenplatz für
Verdienste um die Verwaltung.

Tätigkeit, sehr fähig und ein großer Arbeiter, aber voll Anmaßung
und Eitelkeit, lobt sich immer selbst, äußerst fanatisch, macht alle
Sachen mit dem größten Aufsehen und Publizität, spricht zuviel
und rühmt sich zuviel, übernimmt viele Verpflichtungen, die er
dann nicht erfüllen kann."[71]

Sonnenfels blieb bis ins hohe Alter aktiv. Noch unter Kaiser
Franz II./I. arbeitete er an der Erstellung des Allgemeinen Bürger-
lichen Gesetzbuches mit, das bis heute Gültigkeit hat. Der Kaiser
übertrug ihm auch den Vorsitz der Kommission zur „Reinigung
des Talmud". Er erfuhr auch zahlreiche Ehrungen, 1806 wurde
ihm die Ehrenbürgerschaft der Stadt Wien verliehen, er erhielt zahl-

reiche Orden und wurde 1811 zum Präsidenten der „Akademie der vereinigten bildenden Künstler" ernannt.

Sonnenfels starb am 25. April 1817 im Alter von 85 Jahren. Er fand nach einem „feierlichen Leichenzug"[72] in einem bescheidenen Grab am Friedhof St. Marx seine letzte Ruhestätte.

Die Nachwelt ehrte Sonnenfels durch mehrere Denkmäler. Das berühmteste steht am Wiener Rathausplatz. Seine Geschichte ist ebenso turbulent wie die Lebensgeschichte von Sonnenfels selbst: Das Standbild, das ihn neben einer Säule (einem Freimaurersymbol) stehend, den Fuß auf Folterinstrumenten, darstellt, befand sich zuerst auf der später abgerissenen Elisabeth-Brücke. Bürgermeister Karl Lueger ließ es auf dem Rathausplatz aufstellen. Während des Zweiten Weltkriegs wurde das Denkmal entfernt und durch eines von Christoph Willibald Gluck ersetzt – Jude und Freimaurer, das war für die Nazis zu viel. Nach dem Ende der Naziherrschaft durfte Sonnenfels an seinen Platz zurückkehren – und Gluck übersiedelte zur Karlskirche. Die Sonnenfelsgasse in der Wiener Innenstadt wurde von den Nazis umbenannt. Gluck konnte diesmal nicht herhalten, denn eine Gluck-Gasse gab es schon, Johann Sebastian Bach aber war noch frei – und durfte der Gasse von 1938 bis zum Ende der Schreckensherrschaft seinen Namen leihen. Auch die Büste, die 1891 im Arkadenhof der Universität Wien enthüllt wurde, litt 1938 durch Nazi-Studenten Schaden, sie konnte aber noch rechtzeitig abmontiert und in ein Depot gebracht werden, um nach dem Krieg an ihren Ehrenplatz zurückzukehren. Weniger erfolgreich waren Hitlers Stiefeltruppen beim Maria-Theresien-Denkmal zwischen den Museen. Dort konnten sie Sonnenfels nicht aus dem Relief entfernen, das ihn inmitten berühmter Vertreter von Verwaltung und Administration zeigt, ohne das gesamte Denkmal zu zerstören. Möglich auch, dass sie in diesem Fall schlicht resignierten: Schließlich tummeln sich auf diesem Denkmal gleich sechs Freimaurer um Maria Theresia …

GERARDVS L. B. VAN SWIETEN
Augg. Imperatoris et Imperatricis a consiliis, Archiater com. Bibliothecæ
Augustæ Præfectus, incl. Fac. Med. Vienn. Præses perpetuus, Acad. reg.
Scient. et chir. Paris. Instit. Bonon. et Lit. incognit. Membrum.
nat. Lugd. Bat. VI. non. Maji MDCC.

Gerard van Swieten

* 7. Mai 1700 in Leiden
† 18. Juni 1772 in Schönbrunn

5. Kapitel
Gerard van Swieten

Aufklärer, Leibarzt Maria Theresias, Vampirjäger und Begründer
der Ersten Wiener Medizinischen Schule

„Dieser für unsere Wissenschaften so nothwendige Mann,
dem wir das kleine Licht, so sich blicken läßt, einzig zu
verdanken haben, sollte zum Nutzen der Philosophie bei uns
ewig leben (...)."

Joseph von Sonnenfels über Gerard van Swieten

Zufall oder Ironie der Geschichte: Am Anfang und am Ende
des Lebens von Gerard van Swieten standen Jesuiten. Der eine
benetzte das kleine Köpfchen des Neugeborenen am 7. Mai 1700 in
der Jesuiten-Station in einem Privathaus in der Pieterskerkgracht in
Leiden mit Taufwasser und nahm ihn dadurch in die streng geführte katholische Gemeinde auf. Der andere, Pater Ignaz Wurz, hielt
1772 in Wien die feierliche Trauerrede auf den in Österreich zu Ansehen und Würden gelangten Niederländer. Und das, obwohl der so
Geehrte zeitlebens ein erbitterter Gegner der „Societas Jesu" war.

Pater Wurz leitete seine Trauerrede mit einem Rückblick auf
die Familie van Swietens ein: Er stamme aus einer der vornehms-
ten und einflussreichsten Familien der Niederlande. Diese habe
Inhaber höchster Staatsämter hervorgebracht, einen Schatzmeis-
ter, einen obersten Rentmeister von Holland und Seeland, einen
General-Procureur; Männer, die ihre Tapferkeit in Schlachten und
bei Belagerungen bewiesen und solche, die so viele Güter und
Reichtümer ansammelten, dass sie in der Lage waren, große Klöster
zu stiften. Gerard van Swieten freilich sei nichts von den Verdiens-
ten und Reichtümern seiner Vorfahren zugutegekommen, denn er
habe seine Eltern im frühen Kindesalter verloren. Dieser schwere

Schicksalsschlag sollte bestimmend werden für sein ganzes späteres Leben: „Das Unglück, seine geliebten Eltern zu einer Zeit, da ihr Beistand und ihre Leitung am notwendigsten war, in das Grab hingerissen, und sich unter der Aufsicht solcher Vormünder zu sehen, welche untüchtig sein Erbteil zu verwalten, noch weniger für die Pflegung seines Verstandes sorgten, gaben dem jungen van Swieten ein neues Verdienst, dass er seine Talente selbst bearbeiten und ausbilden musste."[73]

Die Realität freilich sah anders aus. Gerard van Swieten entstammte einem Nebenzweig eines adeligen katholischen Geschlechts, das in einem kleinen Schlösschen nahe Zoeterwoude lebte. Es war zwar nicht mittellos, von Glanz und hohen Ämtern aber konnte keine Rede sein, denn in den protestantischen Niederlanden waren Katholiken von öffentlichen Ämtern ausgeschlossen. Damit nicht genug. Sie durften ihre Gottesdienste zwar abhalten, aber nur in sogenannten „Schlupfkirchen", die von der Straße aus nicht zu erkennen waren und deren Glocken nicht läuten durften, nicht einmal zu feierlichen Anlässen wie Hochzeiten oder Taufen. Und Ehen hatten Katholiken zuerst amtlich zu schließen, das zählte mehr als das Ja-Wort vor dem Priester.

So gaben der Notar Thomas van Swieten und die junge Witwe Elisabeth Loo 1697 einander das Ja-Wort vor Schultheiß und Schöffen. Das heilige Sakrament der Ehe spendete ihnen am Tag darauf ein Neffe des Notars, der begüterte Priester Hugo Franciscus van Heussen, der in seinem Haus an der Hooigracht eine kleine, aber schmucke Hauskapelle besaß. Viel Glück war dem jungen Paar leider nicht beschert. Im darauf folgenden Herbst wurde ihm zwar ein Sohn geboren, Gerard, er überlebte aber nur ein Jahr. Und als im Mai 1700 ein zweiter Sohn zur Welt kam, erhielt der ebenfalls den Namen Gerard. Als dieser acht Jahre alt war, starb seine Mutter – und als er zwölf Jahre alt war, auch sein Vater. Letzterer, ein nicht unbegüterter Mann, hatte als weitsichtiger Notar zwei

Vormünder bestellt, um zu verhindern, dass sein Sohn im Falle seines Todes der Leidener Waisenkammer zufiel.

Diese Vormünder waren es wohl, die dafür sorgten, dass Gerard van Swieten in Leiden die lateinische Schule besuchte. Als er gerade erst 14 Jahre alt war, schickten sie ihn dann zum Studium nach Löwen, er sollte sich an der berühmten und für ihre überaus strengen Prüfungen bekannten Universität mit den „Lehren der Weltweisheit" vertraut machen, mit der Philosophie, die damals als Basis für alle anderen Wissenschaften galt. Schon bald zeitigte sein überdurchschnittlicher Fleiß erste Erfolge. Sein Name ist einer der wenigen, die in den Bestenlisten vermerkt sind. An dieser Universität war es wohl auch, dass van Swieten sich mit dem Jansenismus vertraut machte, jener katholischen Richtung, die vehement gegen die jesuitische Lehre auftrat und die vom Papst aufs Schärfste verurteilt wurde.

Lieber Arzt als Philosoph

Schon nach einem Jahr erwarb van Swieten an dieser Universität einen akademischen Grad, eine Art Bakkalaureat. Dieses eröffnete ihm verlockende Berufsaussichten, seine Lehrer stellten ihm Beförderungen und akademische Würden in Aussicht. Und doch: Es war nicht die Philosophie, die ihn faszinierte. Was ihn geradezu magisch anzog, war die Medizin, die „Arzneikunst".

Im Herbst 1715 ging van Swieten nach Amsterdam, absolvierte eine Apothekerlehre, wurde in die Apothekergilde aufgenommen und eröffnete 1720 ein eigenes pharmazeutisches Geschäft. Damit allerdings hatte er nicht nur Erfolg. 1722 wurde er zu einer Geldstrafe von drei Gulden verdonnert, weil er „defiziente und verdorbene" Medikamente verkauft hatte. Die Apotheke erwies sich dennoch als gute Investition.

Die Einnahmen aus dem kleinen Unternehmen ermöglichten es van Swieten, dessen väterliches Erbe zu dieser Zeit vermutlich bereits dahingeschmolzen war, die Universität seiner Heimatstadt Leiden zu besuchen. Dort studierte er Chemie, Pharmazie und Medizin bei dem berühmten Mediziner Hermann Boerhaave. Und dieser wurde nicht nur zu seinem einflussreichsten Lehrmeister, sondern auch zu seinem engen Freund. Boerhaave sah in dem jungen van Swieten weit mehr als einen eifrigen Studenten. Er erkannte seine Fähigkeiten, war bereit, ihn als seinen Nachfolger aufzubauen und betrachtete ihn schon damals als einen Mann, der es einmal sehr weit bringen würde.

In seinem 25. Lebensjahr erlangte van Swieten die Doktorwürde. Promoviert wurde er mit der Arbeit „Dissertatio de arteriae fabrica et efficacia in corpore humano" über die Struktur und Funktion der Arterien. Der junge Arzt ließ sich zunächst in Leiden nieder und eröffnete eine eigene Praxis. Er hatte vor allem unter der katholischen Bevölkerung enormen Zulauf, nicht zuletzt, weil er seine Patienten mit größter Umsicht und Sorgfalt behandelte und im Notfall auch täglich Hausbesuche machte. Sein besonderes Interesse galt damals den häufig auftretenden (Fieber-) Epidemien, darüber führte er genau Buch und setzte sie auch in Zusammenhang mit Faktoren wie Wetter, Regen, Wind, Hitze und Kälte.

Neben der Arbeit in seiner Praxis führte van Swieten diverse Experimente durch, auch an Tieren, und an der Universität hörte er so gut wie alle Vorlesungen Boerhaaves. Er perfektionierte sogar eine besondere Schnellschrift, um jedes gehörte Wort erfassen zu können, schrieb zu Hause alles ins Reine und verteilte die Skripten dann an andere Hörer. Wenn ihm etwas unklar war, fragte er bei Boerhaave nach und dieser gab ihm bereitwillig Auskunft. So oft wie möglich begleitete er seinen großen Lehrer auch in den botanischen Garten und an das Krankenbett seiner Patienten und unterstützte ihn bei seinen chemischen Arbeiten.

Wie Boerhaave führte auch van Swieten in jener Zeit ein zurückgezogenes Leben. Glänzende gesellschaftliche Veranstaltungen interessierten ihn nicht, er legte Wert auf bescheidene Häuslichkeit und ein ruhiges Privatleben. 1736 erhielt van Swieten die Erlaubnis, medizinische Vorlesungen halten zu dürfen, allerdings nicht in offizieller Funktion an der Universität, sondern als Privatdozent. Wie Ignaz Wurz in seiner Trauerrede anführte, wurde sein Vortrag bald immer beliebter. Studenten strömten in Scharen herbei, aus Deutschland, Frankreich und besonders aus England. In dieser Zeit erhielt er sogar einen ehrenvollen Ruf nach London, verbunden mit dem ansehnlichen Gehalt von tausend Pfund jährlich. Van Swieten aber lehnte ab. Er zog es vor, in Leiden zu bleiben, auch ohne offizielles Amt.

Dass die Zahl seiner Hörer beständig wuchs, wurde van Swieten bald zum Verhängnis. Plötzlich traten Neider auf den Plan, die ihm diesen Erfolg missgönnten. Sie verhinderten, dass nach dem Tod Boerhaaves 1738 für ihn eine Ausnahme von jenem Landesgesetz gemacht wurde, das ihm als Katholiken an einer protestantischen Universität dessen Nachfolge verbot.

Für den leidenschaftlichen Freimaurer Van Swieten bedeutete dies die schmerzliche Erfahrung, dass es gerade in einem Land, in dem die Aufklärung so weit fortgeschritten war, mit dem hehren Gedanken der Toleranz nicht weit her zu sein schien. Er arbeitete dennoch weiter. Ganz im Sinne Boerhaaves, dessen Lehrsätze „von der Kenntnis und Heilung der Krankheiten" er erweiterte und fortführte. Dass er sich als praktizierender Arzt und als Autor der „Kommentare zu Boerhaaves Aphorismen" einen Namen machte, brachte schließlich die entscheidende Wende in seinem Leben.

Im Frühjahr 1743 erhielt van Swieten zum ersten Mal eine Einladung, an den Wiener Hof zu kommen. Er dachte lange nach, dann lehnte er ab. Er hatte sich in Leiden gut eingelebt, 1729 hatte er geheiratet und einen Hausstand gegründet, 1733 war sein ältester Sohn Gottfried zur Welt gekommen, der später Diplomat des Hauses Habsburg und ein wichtiger Förderer berühmter Musikgrößen wie Joseph Haydn, Wolfgang Amadeus Mozart und Ludwig van Beethoven werden sollte. Van Swietens Praxis lief bestens und er hatte Zeit, Studien zu betreiben. Ein Leben in Luxus war nicht das, was er sich wünschte. Einem Freund, der als Leibarzt des Zaren nach Russland gegangen war, schrieb er, er fühle sich nicht geeignet für einen solchen Lebensstil, „(…) ich bevorzuge es unendlich, ein kleiner Republikaner zu sein, als einen pompösen Titel zu haben, welcher dazu dient, eine richtige Sklaverei zu verdecken, verzeih mir, wenn ich mit so wenig Respekt von einem so honorablen Amt spreche, aber ein Mann, der mit der Muttermilch die Liebe zur Freiheit eingezogen hat, seufzet, wenn er daran denkt, sie zu verlieren; deshalb siehe mich als zuvor, das heißt, in guter Gesundheit, frei und zufrieden (…).“[74]

Maria Theresia in Wien nahm seine Absage allerdings nicht so einfach hin. So schnell gab sie nicht auf. Sie schickte einen Verhandler nach Leiden, und dieser hatte als Geschenk eine goldene, mit Diamanten besetzte Tabaksdose mit im Gepäck. Bald danach traf ein Brief der jungen Monarchin in Leiden ein, in dem sie ihm in ihrer herzlichen, liebevollen Art die verlockendsten Dinge in Aussicht stellte: Sie werde ihn auch zum Präfekten der Hofbibliothek ernennen, im Falle seines Ablebens werde für seine Familie bestens gesorgt und so weiter. Die schönen Worte verfehlten ihre Wirkung nicht. Im Oktober teilte van Swieten Maria Theresia mit, dass er ihr Angebot annehmen werde – mit Rücksicht auf sein erst acht Monate altes Söhnchen Gysbertus Henricus könne er allerdings erst im folgenden Frühjahr nach Wien übersiedeln.

Dann plötzlich überschlugen sich die Ereignisse. In Brüssel erkrankte genau zu dieser Zeit Erzherzogin Maria Anna, Maria Theresias innig geliebte Schwester. Sie war mit Karl von Lothringen verheiratet, Franz Stephans Bruder, dem Statthalter der Niederlande. Als dieser gemeinsam mit seinem Bruder in Böhmen gegen Friedrich II. kämpfte, erlitt sie Anfang Oktober eine Totgeburt. Von da an schwebte sie in akuter Lebensgefahr.

In Wien war Maria Theresia außer sich vor Sorge. Sie beauftragte die Amtsträger der höchsten Stellen der Niederlande damit, die besten Ärzte zu gewinnen. Es war Graf Kaunitz, zu dieser Zeit als bevollmächtigter Minister in den Niederlanden, der van Swieten nach Brüssel berief. Der Arzt kam unverzüglich – helfen aber konnte er nicht mehr. Erzherzogin Maria Anna starb am 16. Dezember 1744.

Der Verlust ihrer Schwester traf Maria Theresia über alle Maßen: Dies sei der schwerste Schlag, den ihr der gütige Gott versetzen konnte, klagte sie. Dem Arzt, in dessen Kunst sie so große Hoffnungen gesetzt hatte, machte sie keinen Vorwurf. Im Gegenteil, sie ersuchte ihn, als persönlicher Leibarzt für sie selbst und ihre Familie nach Wien zu kommen. Nicht zuletzt, weil sie von seiner Festigkeit im Glauben beeindruckt war und weil Graf Kaunitz versicherte, er sei bezaubert von van Swietens Geistesbildung.

Maria Theresia wusste sehr wohl, dass das Bildungssystem in ihrem Reich, das fest in der Hand der Jesuiten lag, längst nicht mehr zeitgemäß war. Der humanistisch gebildete van Swieten, der sich auch im Verlagswesen bestens auskannte, schien ihr der geeignete Mann zu sein, es zu reformieren, es auf eine moderne, weltliche Basis zu stellen. In einem Brief schrieb sie ihm honigsüß, seine Anhänglichkeit und die Mäßigung, mit der er dem Starrsinn des von ihr nach Brüssel entsandten Arztes Dr. Engel begegnet sei, habe bei ihr eine hohe Achtung seines Charakters bewirkt. Menschen wie ihn könne ein Monarch nie genug um sich haben. Aber sie wolle nicht in ihn dringen, ihn nicht „jener süßen Ruhe entreißen, welche er genossen habe und die das eintzige wirkliche Glück auf Erden"[75] sei.

Van Swieten hatte sich inzwischen mit dem Gedanken angefreundet, ganz nach Wien zu übersiedeln. Er hoffte, in eine Stadt zu kommen, in der die Saat moderner aufklärerischer Gedanken noch nicht aufgegangen war und in der er für sich die Chance sah, sich im Sinne nützlicher Reformen betätigen zu können. Anfang 1745 verkaufte er seinen Besitz in Leiden, in einem Vertrag nannte er sich im März dieses Jahres bereits „Leibarzt und Bibliothekar ihrer Majestät der Königin von Ungarn und Böhmen". Dann machte er sich mit seiner Familie auf den Weg.

Als Leibarzt und Wissenschaftler gegen die Jesuiten

Zu bereuen hatte van Swieten seinen Entschluss nicht. Maria Theresia nahm ihren neuen Leibarzt herzlich auf. Sie schenkte ihm ihr Vertrauen, ein ansehnliches Gehalt und hielt auch ihr Versprechen, ihn zum Präfekten der Hofbibliothek zu machen. Mit seinen „Sonderbarkeiten", etwa, dass er sich ausbedungen hatte, seine einfache holländische Kleidertracht beibehalten zu dürfen und weder Perücke noch Degen oder Manschetten zu tragen, fand sie sich ab. Immer in der Gewissheit, ein Mann, der dem katholischen Glauben so verbunden war wie er – van Swieten ging täglich zur Messe und achtete darauf, einmal im Monat die Sakramente zu empfangen –, würde keine übertriebenen, von ihr so gehassten Fortschrittsideen entwickeln. Und in der Hoffnung, er würde als humanistisch gebildeter Mediziner, der sich dem Leitsatz „mens sana in corpore sano" verschrieben hatte, auch alles daran setzen, die Gesundheit ihres Volkes zu verbessern. So wurde aus dem Leibarzt bald auch der Reichsarzt.

Allein das Amt des Leibarztes der kaiserlichen Familie war so etwas wie ein Fulltime-Job. Da galt es zum einen Maria Theresia durch ihre zahlreichen Schwangerschaften zu begleiten. Und zum anderen wurde van Swieten gerufen, wann immer eines der zahlreichen Kinder krank war, Schmerzen hatte, zahnte oder fieberte. Da galt es, im Fall von Krämpfen Wickel und Klistiere zu verordnen, kleine, appetitlose Essens-Verweigerer wie die 1743 geborene Maria Elisabeth mit Schokoladegetränken zur Nahrungsaufnahme zu bewegen und gegen ihre Husten- und Atembeschwerden Luftveränderung anzuraten. Um den Leibarzt immer schnell zur Stelle zu haben, ließ Maria Theresia für ihn später in Hietzing nahe der Mauer des Schönbrunner Tiergartens ein Haus zum Sommerpalais umbauen.

Wie intensiv sich van Swieten mit den Vorlieben und Abneigungen der kaiserlichen Kinder beschäftigte, lässt sich am Beispiel der 1750 geborenen Johanna erahnen. Die „Übermutter" Maria Theresia hatte diktatorisch festgelegt, dass alle Kinder an Freitagen, Samstagen und Fasttagen Fisch zu essen hatten. Bei „Hannerl" aber war Fisch ein wunder Punkt. Sie hasste ihn, vertrug ihn schlecht und erbrach sich sogar mehrmals, wenn sie allzu sehr gezwungen wurde, eine Fischspeise hinunterzuwürgen. Van Swieten fand einen Ausweg. Er unternahm mit ihr eine Exkursion zu einer Forellenzucht, zeigte dem staunenden kleinen Mädchen das klare, saubere Wasser, in dem die Fische schwammen und ließ sie ein anderes Mal in der Hofküche dabei zuschauen, wie die Köche die Gräten aus den Fischen entfernten und den Geschmack mit Zitrone und Kräutern verfeinerten. Der schlaue Hofarzt kam mit seiner Methode durch. Es dauerte zwar noch eine Weile, aber dann überwand „Hannerl" ihre panische Angst vor Gräten und ihre Abscheu vor Fisch. Sie konnte an der kaiserlichen Tafel Fisch essen und verblüffte ihre Eltern durch ihre auf anatomischen Kenntnissen beruhende Geschicklichkeit beim Tranchieren.

Trotz seines unermüdlichen Einsatzes geriet van Swieten immer wieder an die Grenzen seiner Kunst. 1767 gelang es ihm zwar, die an der todbringenden Seuche der Pocken erkrankte Maria Theresia durch die schwerste gesundheitliche Krise ihres Lebens zu führen – die glücklich Genesene dankte es ihm mit einem brillantbesetzten Bildnis und einer Ehrengabe von 3000 Gulden. Bei anderen Mitgliedern des Hauses Habsburg allerdings verlor auch er den Kampf gegen den Tod: Nachdem er in Brüssel Erzherzogin Maria Anna sterben gesehen hatte, folgten in Wien trotz der intensivsten Bemühungen des Arztes Maria Theresias Sohn Karl und ihre Töchter Johanna und Josepha sowie später die beiden Frauen Josephs und sein Töchterchen Maria Theresia.

In den Jahren, als van Swieten in Wien eintraf, verlief der wissenschaftliche Bildungsbetrieb in veralteten, verknöcherten Bahnen. Da war auf der einen Seite die kaiserliche Hofbibliothek als Hort moderner historischer und philologischer Wissenschaften und auf der anderen Seite die ihr alles andere als freundlich gesinnte, von den Jesuiten dominierte Universität, die stur an ihren alten scholastischen Mustern festhielt und neben Philosophie und Theologie die weltlichen Fächer Römisches Recht und Medizin lehrte.

In seinem „Biographischen Lexikon des Kaiserthums Österreich" beschreibt Constantin Wurzbach die Situation: „Die Lage, welche er, als er am 7. Juni 1745 den Wiener Boden betrat, daselbst vorfand, war eine wenig ermuthigende. Die Wissenschaften befanden sich seit der Zeit, als dem Gelingen der Reformation im nördlichen Deutschland die Reaction in den südlichen deutschen Gebieten folgte, in Österreich im Zustande der Verkümmerung. Während sich in Deutschland, Holland, England und Frankreich der Geist der Forschung regte, nahmen in Österreich dunkle Männer die ersten Ehrenstellen ein und wirkte die Alles niederhaltende Macht der Jesuiten nachtheilig auf jedes geistige Ringen. Während (…) arme und kleine norddeutsche Universitäten die Fackel des Fortschrittes hoch hielten und die Heilkunde durch große Gelehrte einen neuen Aufschwung nahm, verkümmerte Wien ungeachtet seiner alten Stiftungen, seines Reichthums und seiner sonstigen für eine geistige Entwicklung so günstigen Bedingungen (…)."[76]

Um die Medizinische Fakultät war es besonders schlecht bestellt.

Das erste „anatomische Theater" war im Erdgeschoss des neu erbauten Aulagebäudes der Universität untergebracht. Ein Leichenaufzug führte vom Keller in den Hörsaal, der Medizinstudenten von allen Reihen aus beste Sicht ermöglichte.

Studenten gingen in Scharen zum Studium ins Ausland, weil der Doktorhut überall leichter und billiger zu haben war. In Wien kostete er über tausend Gulden, und weil es nur alle fünf Jahre Promotionen gab, mussten Studenten überdies oft jahrelang warten. Wichtige Fächer wie Experimentalphysik, Chemie und Botanik wurden nicht unterrichtet, für Anatomie gab es weder entsprechende Hörsäle noch Instrumente.

Van Swieten ging rasch und mit der für ihn charakteristischen Entschlossenheit, die ihm später oft als Ungestüm angekreidet wurde, ans Werk. Als kaiserlicher Leibarzt war er unabhängig von der Universität und konnte bald nach seiner Ankunft in Wien seine Lehrtätigkeit aufnehmen. Während die Jesuiten drüben in der alten, in ihren starren Strukturen verharrenden Universität lustlos aus ihren verstaubten Folianten vortrugen, hielt er im Vorsaal der Hofbibliothek moderne medizinische Vorlesungen. Er verstand es, seine Hörer mitzureißen, machte zuerst Physiologie und Anatomie, dann Pathologie und Arzneimittellehre zu hoch spannenden Wissensgebieten und demonstrierte alles mit größter Leidenschaft an Präparaten, die er aus den Niederlanden mitgebracht hatte.

Der Erfolg blieb nicht aus. Wie Jahre zuvor in Leiden fanden seine lebendigen und geistvollen Vorlesungen auch in Wien größten Zuspruch und Studierende kamen von nah und fern. Was sich ebenso wiederholte wie zuvor in den Niederlanden war, dass sich Neider und Gegner formierten und ihre Messer unverhohlen wetzten. Van Swieten war zu diesem Zeitpunkt noch nicht Mitglied der Medizinischen Fakultät, er war also nicht zu „stürzen", es gab aber andere Wege, ihm das Leben schwer zu machen. So verhinderten die ihm von Anfang an feindlich gesinnten Jesuiten, dass sein großes Werk „Commentaria in Hermanni Boerhaave aphorismos de cognoscendis et curandis morbis" nicht in die Liste der für Studierende empfohlenen Bücher aufgenommen wurde – und das, obwohl es binnen sechs Jahren fünf Auflagen erlebt hatte und in zwei Fremdsprachen übersetzt worden war. Und trotzdem: Der Aufstieg van Swietens war nicht zu verhindern.

Von Maria Theresia 1749 um seine „Wohlmeinung" befragt, zählte van Swieten die Mängel des Systems schonungslos auf. Maria Theresia reagierte trotz aller Ressentiments prompt. Sie verfügte, dass ab sofort jedes Jahr Promotionen zu erfolgen hatten und dass van Swieten bei allen großen Examen anwesend zu sein habe. Sie bestellte ihn zum Präses der Medizinischen Universität und beauftragte ihn damit, einen Plan „zur besseren Einrichtung" zu erstellen, angetan, die „großen abusi abzubringen".

Erneuerer des Bildungs- und Gesundheitswesens

Von diesem Zeitpunkt an war van Swieten nicht mehr zu bremsen. Er reformierte den Studiengang und die Prüfungsordnung, richtete drei neue Lehrstühle ein – Botanik, Chemie und Chirurgie – und holte Kapazitäten nach Wien. Der bedeutendste war sein früherer Kommilitone in Leiden, der Kliniker Anton de Haen. Er übernahm 1754 die Professur an der Universität Wien im Bürgerspital. Bald wehte auch dort ein anderer Wind, denn er organisierte alles im Sinne Boerhaaves und dessen Forderung „Weg vom Buch, hin zum Bett!" um. De Haen behielt sich das Recht vor, Patienten aus allen Wiener Spitälern für den Unterricht an seine Klinik zu transferieren. Das ermöglichte Vorlesungen direkt am Krankenbett. Und erstmals kam dieser Klinik auch die Aufgabe zu, Forschung zu betreiben. So wurde de Haen neben van Swieten zum Mitbegründer der Ersten Wiener Medizinischen Schule.

Als Professor für Anatomie und Wundarzneikunde bestellte van Swieten Ferdinand Joseph von Leber und für Botanik und Chemie Nikolaus Joseph Jacquin aus Leiden. Dieser zu diesem Zeitpunkt bereits berühmte Wissenschaftler praktizierte ab 1752 auch als Arzt und

Der Botanische Garten am Rennweg: Hort für exotische Gewächse und Heilpflanzen.

bereiste später fünf Jahre lang Westindien, um neue Pflanzen für die kaiserlichen Gärten rund um das Schloss Schönbrunn zu sammeln.

Die völlig neue Art der Organisation des wissenschaftlichen Betriebs machte auch Anschauungsunterricht auf anderen Gebieten nötig. Als „Hortus medicus", der Studenten der Medizinischen Fakultät eine praktisch orientierte, pflanzenkundliche Ausbildung ermöglichen und heilende Wirkstoffe aus Pflanzen verfügbar machen sollte, wurde der Botanische Garten am Rennweg angelegt – nach van Swieten wurde übrigens ein Mahagonigewächs benannt, die „Swietenia". Zug um Zug entstanden in der Folge ein che-

120

misches Labor, eine Sezierkammer, eine stationäre Lehrklinik im Bürgerspital und ein „Anatomisches Theater", ein Hörsaal für medizinische Studien.

Bei der Reform des medizinischen Wissenschaftsbetriebs beließ es van Swieten aber nicht. Ihm schwebte eine umfassende Modernisierung des Bildungswesens vor. Als Nächstes nahm er sich die philosophische und die theologische Fakultät vor und besetzte die Direktorenposten mit zwei Jesuiten, den Patres Joseph Franz und Ludwig Debiel, denen Kardinal Erzbischof Graf Trautson als „Protektor" übergeordnet war. Ein Mann übrigens, von dem es hieß, er habe zwar viele schöne Eigenschaften, sei aber kein „Ausbund der Gelehrsamkeit" und lasse sich von van Swieten „leiten" und „regieren".

Die Reform der Juridischen Fakultät erwies sich als schwieriger. Für sie meldete Maria Theresia den nicht gerade bescheidenen Anspruch an, sie hätte sich so zu entwickeln, „dass sich keine hohe Schule Europas ansehnlicherer Rechtsgelehrter zu rühmen hätte".[77] In diesem Sinne wurden nach und nach Kapazitäten wie Joseph Riegger und Karl Anton von Martini an die Fakultät berufen, denen später Franz von Zeiller und Joseph Valentin Eybel folgten. Alles Aufklärer, die sich für eine strikte Trennung von Staats- und Kirchenrecht einsetzten und auf die Einschränkung der bisherigen Rechte der Kirche drängten.

Einen entscheidenden Schritt in diese Richtung brachte die von van Swieten im Jahr 1749 angestrebte Neuordnung der Zensur. Sie sah vor, dass das Zensurwesen den ihm aus tiefster Seele verhassten Jesuiten abgenommen und staatlichen Beamten übertragen werden sollte. Es dauerte zwei Jahre, dann gelang van Swieten der entscheidende Schlag gegen den Orden. Er bat Maria Theresia, ihn mit der Zensur der philosophischen Werke zu betrauen und die Monarchin stimmte zu, indem sie auf sein Gesuch notierte: „kann nicht in bessere Hände kommen" – eine Notiz übrigens, die sie wie einen Stempel benützte, denn diese findet sich auch auf einem Gesuch von Sonnenfels.

Beflügelt durch diesen Erfolg wagte sich van Swieten noch weiter vor und ersuchte, die Zensur auch der theologischen Schriften nicht den Jesuiten selbst, sondern dem Wiener Erzbischof zu überlassen, der den Jüngern Loyolas alles andere als wohlgesonnen war. Auch diesmal trat Unerwartetes ein: Erzbischof Graf Trautson nahm das Angebot an. Und Maria Theresia gab ihr „Placet", wenn auch mit der Einschränkung, „daß auch ein Jesuiter beigezogen werde".[78]

Maria Theresia stand dem Jesuitenorden, der über Jahrhunderte eine der zuverlässigsten Stützen des Habsburgerreichs gebildet und im Laufe der Zeit ein regelrechtes Bildungsmonopol errichtet hatte, nicht bedingungslos positiv gegenüber. Und doch: Sie war von Jesuiten erzogen worden und darum waren ihr einige Mitglieder des Ordens lieb und teuer. So unternahm sie auch vor seiner Auflösung durch den Papst keine entscheidenden Schritte gegen den Orden, als dessen Stern in ganz Europa zu sinken begann.

1759 ernannte Maria Theresia van Swieten, den sie übrigens ein Jahr zuvor in den Freiherrenstand erhoben hatte, zum Vorsitzenden der Bücherzensurkommission. Ein leichtes Leben hatte er in dieser Position nicht. Zeitweise wurde um jedes Buch, das modernes, aufklärerisches Gedankengut verbreitete oder sich mit dem Einfluss der Kirche kritisch auseinandersetzte, heftig gestritten. Van Swieten ging aus solchen Streitigkeiten nicht immer als Sieger hervor. Bei Montesquieus „De l'esprit des lois" zum Beispiel, das 1748 erschienen und zwei Jahre lang von den Jesuiten verboten worden war, hatte er Erfolg. Für die Freigabe dieses Werkes erhielt er sogar von Maria Theresia höchstpersönlich Rückendeckung. Bei vielen anderen aber zog er aufgrund des Vetos der in der Kommission sitzenden Jesuiten den Kürzeren. Van Swieten musste sich aber nur gedulden. Bald spielte ihm die Zeit in die Hände: Schied ein Je-

Weltliche und kirchliche Macht an einem Platz: Aula der Universität und Jesuitenkirche.

suit aus der Zensurkommission aus, wurde er nicht durch einen Ordensbruder ersetzt. Das Ergebnis: 1764 endlich saß kein Jesuit mehr in der Kommission. Van Swieten war damit schier Unglaubliches gelungen: Er hatte den Jesuiten endgültig ihr Zensurmonopol entrissen und sie mussten weltlichen Gelehrten Platz machen.

Überraschend war diese Entwicklung allerdings nicht. Sie hatte sich bereits Mitte der 1750er Jahre abgezeichnet. Als weithin sichtbares Zeichen für die neue, weltliche Orientierung entstand in den Jahren 1753-55 die von Nicolas Jadot erbaute neue Aula der Universität, heute Sitz der Österreichischen Akademie der Wissenschaften. Der barocke Prachtbau, der auch Platz für die Medizinische und die Juridische Fakultät bot, entstand direkt neben der Jesuitenkirche – eine handfeste Demonstration weltlicher Macht. Jetzt war die Universität eine „staatliche Anstalt", für die der Staat per Verordnung vom 30. Oktober 1753 auch Verwaltung und Kassaführung übernahm.

Maria Theresia hatte sich von Sonnenfels von der Nützlichkeit des unteren Schulwesens überzeugen lassen. Elementar- und Bürgerschulen konnten dazu genützt werden, gläubige, dem Herrscher ergebene Menschen heranzuziehen. Das leuchtete ihr ein. Die höhere Bildung aber, die Förderung der Wissenschaften und der Ausbau der Universität waren ihr lange suspekt. In der „Freiheit des Geistes" sah sie eine Bedrohung der Religion. Wurden ihr daher Vorschläge in dieser Richtung unterbreitet, schob sie diese weg: „Das hat Zeit, liegt mir nicht so am Herzen." Und die Gelehrten, insbesondere die Philosophen, waren ihr überhaupt ein Dorn im Auge. Wie sehr, das lässt ein Brief an ihren jüngsten Sohn Maximilian erahnen: „(…) niemand ist schwächer und mutloser als diese anscheinend starken Geister, niemand feiger und verzweifelter beim kleinsten Mißgeschick. Sie sind schlechte Väter, Söhne, Ehemänner, Minister, Generale, Bürger. Und warum? Sie haben keinen Boden unter den Füßen, ihre ganze Philosophie und ihre ganzen Grundsätze schöpfen aus reiner Eigenliebe, das geringste Ungemach bringt sie rettungslos zu Fall. Daher kommt es jetzt so häufig vor, daß Leute Selbstmord verüben, verrückt werden oder sich so aufführen und krank werden, daß sie nicht mehr zu gebrauchen sind (…). Die ganze Philosophie ist ein Unglück, ich kann Euch das nicht oft genug sagen und muß Euch immer wieder davor warnen (…)".[79]

Wie es van Swieten schaffte, viele der Reformen auch gegen Maria Theresias Skepsis durchzusetzen, ist bis heute nicht restlos geklärt. Spekulationen darüber gibt es viele. Der Autor Gerhard

Herm schreibt: „Van Swieten hatte Zivilcourage, was ihr imponierte, er hatte Charme, was ihr wohltat, und er konnte nachweisen, daß durch seine Maßnahmen schlummernde Produktivitätskräfte geweckt wurden. Die von ihm begründete ‚Wiener Medizinische Schule‘ versprach nicht nur die Volksgesundheit zu fördern, sondern auch der Streitmacht dienlich zu sein.“[80]

In diesem Sinne wurde van Swieten überhaupt zum Reorganisator des zu jenem Zeitpunkt heillos verwahrlosten Sanitätswesens. Seine Ideen dazu legte er Maria Theresia 1755 in einer Denkschrift vor. Darin entwickelte er ein höchst modern anmutendes Programm, eines, das Gesundheitspolitik mit Sozialpolitik verband. Er schlug die Einrichtung von Arbeiterkrankenkassen vor, von Volksspitälern, Findelhäusern und Altersheimen.

Dass die meisten dieser Projekte nicht realisiert werden konnten, lag zum einen daran, dass die Struktur der Monarchie dafür noch nicht geeignet und die Zeit dafür noch nicht reif war. Zum anderen widersprachen sie auch den Prinzipien Maria Theresias. Findelhäuser einzurichten kam für sie nicht in Frage, denn es hätte bedeutet, unehelich und „in Sünde“ gezeugte Kinder und damit die „Unzucht“ zu fördern – fromm bis hin zur Bigotterie, wie sie war, verwehrte sie sich dagegen entschieden. Und auch die Forderung, Väter lediger Kinder zur Zahlung von Alimenten zu verpflichten, lehnte sie entrüstet ab: Außereheliche Beziehungen durften und konnten nicht gefördert werden.

Waisenhäuser waren etwas anderes, darüber konnte man reden. Ebenso über gesundheitspolitische Maßnahmen wie die Bestattungsordnung, die vorsah, dass Beerdigungen innerhalb von 48 Stunden erfolgen und auf Friedhöfen Leichenhütten errichtet werden sollten. Auch dass an den Grenzen „Militärgrenzer“ das Eindringen von Seuchen verhindern sollten, leuchtete ihr ein.

Hofbibliothekar und Vampirjäger

Als Präfekt der Hofbibliothek hatte van Swieten weniger zu kämpfen. Er hatte in den Niederlanden ein modernes Verlagswesen kennengelernt und hatte Erfahrungen mit einem modernen, wissenschaftlichen Bibliothekswesen gesammelt. Über Buchhändler in Paris, Venedig und Leiden organisierte er für die Hofbibliothek bald den Ankauf neuerer wissenschaftlicher Werke aus den Naturwissenschaften, aber auch von Werken der französischen Aufklärer. Um sie einem größeren Leserkreis zugänglich zu machen, richtete er erstmals einen Lesesaal ein.

Viele der Bücher las er selbst, und er kommentierte sie auch. Voltaire und Rousseau zum Beispiel lehnte er strikt ab, einige Werke Lessings, Wielands „Agathon", aber auch Machiavellis „Principe" verdammte er in Grund und Boden. Die Nationalbibliothek besitzt auch heute noch einen Kodex, in welchem er die von ihm zensierten Bücher in Geheimschrift kommentiert. „Ein nützliches Buch, das ich für die Bibliothek gekauft habe" findet sich darin ebenso wie „enthält nichts Schlechtes", „eher ein nützliches Buch" und „nichts Schlechtes, aber auch nichts Nützliches gefunden". Neben positiven Kommentaren gibt es aber auch vernichtende, wie etwa: „schamlos, wird verboten", oder „enthält viel Gefährliches, wird verboten".

Van Swieten war ein zielstrebiger Mensch. Wenn es galt, seine ganz von den Gedanken der Aufklärung getragenen Pläne zu realisieren, bewies er Durchsetzungsvermögen, oft sogar Ungestüm. Ob etwas immer schon auf eine gewisse Art gehandhabt worden war oder ob es sich um alte, lieb gewordene Gewohnheiten handelte, die womöglich mit persönlichen Interessen verbunden waren, zählte für ihn nicht. Dass er sich damit nicht nur Freunde schuf, versteht sich von selbst. Ähnlich wie Sonnenfels hatte auch er in Wien bald jede Menge Feinde. Und diese wurden nicht müde, gegen ihn zu Felde zu ziehen. Khevenhüller lässt das in einer seiner Tagebucheintragungen erahnen, in der er „von dem zwar litterirten, dabei aber sehr grob und insolenten, mithin bei den Publico ungemein verhassten Medico"[81] spricht. Dass van Swieten in seinen späten Jahren jedes Jahr 30.000 Livres aus seinem Privatvermögen in die „Armencasse" einzahlte und mittellose Studenten großzügig unterstützte, erwähnt er hingegen nicht.

Die Frage, wie van Swieten sein ungeheures Arbeitspensum geschafft hat und daneben auch noch Zeit für private Studien fand – in späten Jahren lernte er noch Arabisch und Ungarisch und betrieb ernsthafte Mathematik-Studien –, stellt sich immer wieder. Constantin Wurzbach hat die Erklärung: „Der strengen Erfüllung seiner Obliegenheiten vermochte er nur nachzukommen, indem er einerseits den gewöhnlichen Genüssen und Zerstreuungen der Welt entsagte, andererseits die gewissenhafteste Zeiteintheilung beobachtete. (…) Fünf Uhr morgens stand er auf, fuhr bald nach sechs Uhr zu Hofe, kehrte um Acht oder Neun zurück, arbeitete bis Zwei, ging dann zu Tisch, nahm arme Kranke an und besorgte seine Amtsgeschäfte, fuhr um Sieben Uhr wieder nach Hofe, arbeitete bis Neun und legte sich nach Zehn Uhr zu Bett. Dies war seine regelmäßige Tagesordnung."[82]

Van Swieten ging in die Geschichte als großer Reformator, als Erneuerer des Bildungswesens und als Begründer der Ersten Medizinischen Schule ein. Dass ihm darüber hinaus – posthum – auch in der Literatur eine Rolle zukam, hat mit einem gänzlich anderen Thema zu tun: Mit seinem Kampf gegen den Aberglauben – und den Vampirismus.

Nach Prinz Eugens Siegen über die Türken waren im ersten Viertel des 18. Jahrhunderts weite Teile des Balkans, darunter Serbien und Bosnien, an Österreich gefallen. Um diese Gebiete wirtschaftlich zu erschließen, wurden Flüchtlinge angesiedelt. Sie erhielten den Sonderstatus von „Wehrbauern" und sollten im

Gegenzug für die landwirtschaftliche Nutzung und die Sicherung der Grenzen sorgen. Unter diesen Siedlern kursierten plötzlich Berichte über Vampire.

Im Jahr 1725 sorgte das erste „amtlich" nach Wien gemeldete Auftauchen eines Vampirs für schauriges Entsetzen. Im Grenzort Kislova war ein Mann namens Peter Plogojowitz verstorben. Ihm folgten in kurzem Abstand neun Menschen in den Tod, sie alle waren nicht krank gewesen, ihr Ableben gab Rätsel auf. Bald machte das Gerücht die Runde, Plogojowitz hätte alle Opfer kurz vor ihrem Tod nachts überfallen und gewürgt. Für die Bewohner des Dorfes gab es nur eine Erklärung: Plogojowitz war ein Untoter, ein Blutsauger. Angst und Schrecken verbreiteten sich, die Obrigkeit in Belgrad wurde eingeschaltet.

Die Behörde schritt ein. Plogojowitz wurde im Beisein eines Popen und eines Apothekers exhumiert. Jetzt war das Entsetzen erst recht groß: Die Leiche zeigte keine Anzeichen von Verwesung – damit stand fest, dass es sich tatsächlich um einen Vampir handelte. Also schritt man zur Tat, pfählte die Leiche und verbrannte sie. Ein Bericht davon ging an die Behörde in Wien und gelangte in reißerischer Aufmachung in das „Wienerische Diarium". Der Hofkriegsrat hatte sich mit dem Fall zu befassen, schubladisierte ihn aber bald.

Im Winter 1731/32 schlug ein zweiter Fall von Vampirismus hohe Wellen, als in der Ortschaft Medwegya innerhalb von sechs Wochen dreizehn Menschen starben, nachts und im Schlaf. Auch diesmal wurden die verdächtigen Leichen exhumiert und der Amtsarzt musste feststellen, dass sie nicht verwest, ja sogar „rosig" waren. Auch diesmal ging man nach dem gleichen Schema vor. Den „Vampiren" wurden die Köpfe abgeschlagen, die Leichen verbrannt, ihre Asche in den Fluss Morava gestreut.

1755 häuften sich in Mähren die „Vampirvorfälle" so massiv, dass sie schon an eine Seuche erinnerten. Allein in Olmütz (heute

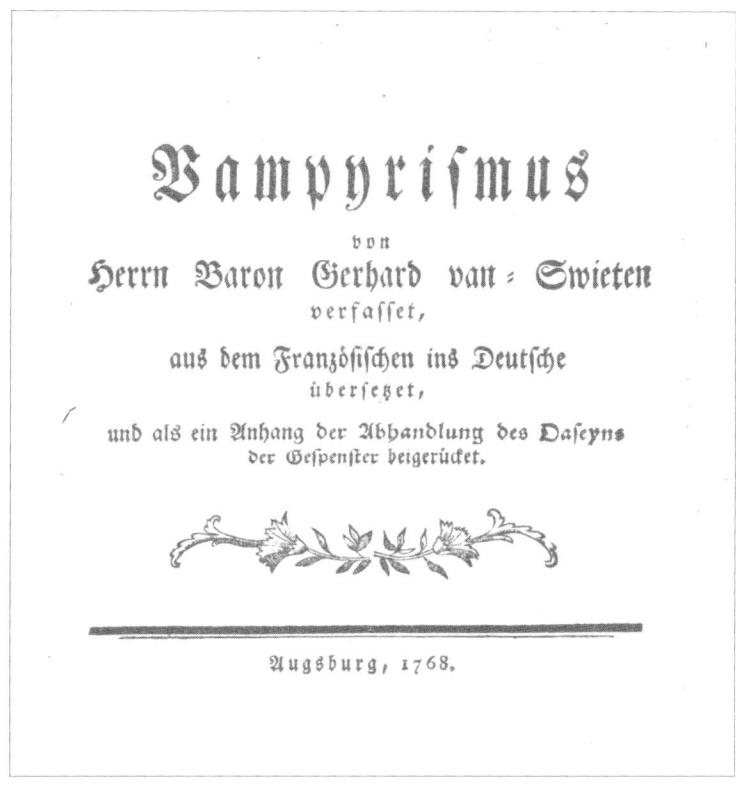

„Barbarei der Unwissenheit" nannte van Swieten den Vampirmythos in seinem Traktat von 1768.

Olomouc) wurden unter 30 verdächtigen Leichen 19 Erwachsene und ein Kind „als Vampire identifiziert" und in der üblichen Weise unschädlich gemacht. Maria Theresia sah sich zu Gegenmaßnahmen gezwungen. Sie entsandte einen Militärarzt und einen Anatomen nach Mähren, um die Lage zu sondieren und beauftragte van Swieten damit, deren Berichte zu kommentieren. Dieser betrachtete den Vampirmythos als „Barbarei der Unwissenheit", die es mit allen Mitteln auszumerzen gelte. Maria Theresia folgte seinem Rat und verbot im „Vampir-Erlass" vom 1. März 1755 die Leichenschändung unter dem Deckmantel der „Vampiraustreiberei". Damit war der Spuk zu Ende. Allerdings nicht für van Swieten.

Er beschäftigte sich weiter mit den angeblichen Vampirfällen. 1768 erschien schließlich sein Bericht „Vampyrismus" im Anhang zu Andreas Ulrich Mayers „Abhandlung des Daseyns der Gespenster". Darin kam er zu dem Schluss, dass die erstaunlich langsame Verwesung der Leichen und ihr ungewöhnlicher Zustand, also aus dem Mund austretendes Blut, füllige Leiber oder rosige Haut auf natürliche Ursachen wie Temperatur, Bodenbeschaffenheit und Krankheit der Verstorbenen, das „vermeintliche Drucken" in der Brust der Dorfbewohner wiederum eher auf eine Brustkrankheit als auf Vampire zurückzuführen sei. In seinem Bericht bezeichnete er die Vorfälle als „ungeheure Mißbräuche, die der Vernunft schnurgerade zuwider sind" und schrieb: „Die Zauberey der Abgestorbenen, von welcher hier die Frage ist (…) befindet sich nur in Gegenden, in welchen die Unwissenheit noch immer herrschet."[83]

Um das Jahr 1769 begannen van Swietens Kräfte zu schwinden. Eine eitrige Wunde am Unterschenkel wollte nicht heilen und breitete sich immer weiter aus. Im Jänner 1771 führte er zum letzten Mal den Vorsitz in der Zensurkommission, dann legte er sein Amt nieder. Zwar erholte er sich im Sommer desselben Jahres noch einmal und übernahm sogar abermals die Leitung der Kommission, dann aber warf ihn die brandige Vereiterung endgültig aus der Bahn. Er starb 1772 in Schönbrunn und erhielt ein Grab in der Georgskapelle der Augustinerkirche. Medaillen und Münzen mit seinem Antlitz wurden geprägt, Straßen, Kongresse und medizinische Gesellschaften wurden und werden nach ihm benannt und Denkmäler zu seinen Ehren errichtet. Endgültig dem Vergessen entriss ihn aber erst der irische Autor Abraham „Bram" Stoker. Er nahm ihn 1897 zum Vorbild für die Figur des Professor Abraham van Helsing, Vampirjäger und Erzfeind des blutsaugenden Grafen Dracula in seinem gleichnamigen Roman. Das machte van Swieten unsterblich, für alle Zeit.

Wenzel Anton von Kaunitz-Rietberg

* 2. Februar 1711 in Wien
† 27. Juni 1794 in Mariahilf (damals noch Vorort von Wien)

6. Kapitel
Wenzel Anton von Kaunitz-Rietberg

Staatskanzler, Aufklärer, eitler Hypochonder, Intrigant und
wichtigster Berater Maria Theresias

> *„Der geringste Zugwind läßt ihn schauern,*
> *etwas zuviel Hitze macht ihm nervöse Zufälle.*
> *Er hat die Schwäche, nicht an einem Spiegel vorbeigehen*
> *zu können, ohne davor stehenzubleiben,*
> *und wenn er es wagte, würde er wahrscheinlich Rouge*
> *und Schönheitspflästerchen benutzen."*

Der preußische Gesandte Christoph Heinrich von Ammon
1756 über den Grafen Kaunitz

Es war im Jahr 1751. Maria Theresia hatte Wenzel Anton von
Kaunitz-Rietberg zu einem persönlichen Gespräch in die Hofburg gebeten. Sobald die hohen, goldverzierten Flügeltüren geschlossen, die Lakaien auf ihre üblichen Lauschposten verschwun-
den und die ersten Höflichkeitsfloskeln ausgetauscht waren, machte
die junge Monarchin ihrem eleganten, höchst sorgfältig gekleide-
ten Besucher ein interessantes Angebot. Sie bot ihm das Amt des
Staatskanzlers an, mit Schwerpunkt Außenpolitik. Kaunitz winkte
müde ab. Sein Gesundheitszustand sei angeschlagen. Ein so ver-
antwortungsvolles Amt könne er sich nicht zumuten. Wenn überhaupt, dann nur für ganz kurze Zeit. Und auch dann nur, wenn er
freie Hand bekäme, die Staatskanzlei so umzuorganisieren, dass sie
wie ein Uhrwerk funktioniere.

Maia Theresia akzeptierte. Kaunitz wurde Staatskanzler. Er
blieb es 41 Jahre lang, überlebte Maria Theresia und Franz Stephan
von Lothringen und war auch noch im Amt, als Joseph II. und
nach ihm Leopold II. und Franz II. Kaiser wurden. Er hatte so viele
Kompetenzen wie kein Minister vor ihm. Und er wurde zum Haupt-
initiator der geistigen und politischen Erneuerung Österreichs.

Wenzel Anton Josef Fürst von Kaunitz, Reichsgraf zu Rietberg, wie sein vollständiger Titel lautete, kam 1711 als zweiter Sohn und sechstes Kind seiner Eltern zur Welt, nach ihm gebar seine Mutter noch weitere zehn Kinder. Er entstammte einer uralten, adeligen Familie, die im Lauf der Jahrhunderte immer wieder bedeutende Persönlichkeiten hervorgebracht hatte. Einer seiner Vorfahren, Smilo von Kaunitz, war an der Seite Ottokars von Böhmen im Kampf gegen Rudolf von Habsburg gefallen, ein anderer, Suislav von Kaunitz, hatte unter Kaiser Otto I. gegen die Ungarn gekämpft.

Die wohl bedeutendste Rolle spielte in der Reihe seiner Vorfahren sein Großvater Dominik Andreas. Er war Geheimer Rat Kaiser Leopolds I. und Minister im Haag, leitete 1697 die Friedensverhandlungen von Rijswijk, wurde Ritter des Ordens vom Goldenen Vlies, Kaiserlicher Konferenzrat und Reichsvizekanzler. Auch sein Vater, Max Ulrich, war Kaiserlicher Reichshofrat, Gesandter an mehreren Kurhöfen und Reichskreisen sowie Botschafter am päpstlichen Hof. In den Jahren 1720 bis 1746 war er Landeshauptmann von Mähren. Dass er sein hohes Amt überaus ernst nahm, lässt sich aus seinen Aktivitäten schließen: Auf seine Initiative hin wurde die March reguliert, wurden die ständische Akademie in Olmütz (heute Olomouc) eingerichtet, die Kaiserstraße von Olmütz nach Brünn (heute Brno) gebaut und das Steuerwesen reformiert. Allerdings verordnete er auch Zwangsmaßnahmen gegen Roma und Juden.

Dass der spätere Staatskanzler in wohlgeordneten familiären Verhältnissen aufwuchs, ist unbestritten. Genaue Details zu seinen ersten Lebensjahren fehlen allerdings. So lässt sich die Frage, wie sehr sich der Vater in die Erziehung der Kinder einbrachte, nur schwer beantworten. Auch über die Rolle der Mutter, Maria Ernestine Franziska, geborene Gräfin von Rietberg, gibt es nur Mutmaßungen. Später wurde kolportiert, sie habe ihre ältesten vier Töchter sehr resolut erzogen, Wenzel Anton aber „bis ins Lächerliche verzärtelt"[84], und darin liege die Wurzel seiner später schwachen Gesundheit, seiner Hypochondrie und seiner geradezu panischen Angst vor Fieber, Krankheit und Tod.

Tatsache ist, dass Wenzel in seiner frühen Kindheit zart, für Krankheiten anfällig und alles andere als kräftig und kerngesund war. Die Familie verbrachte die Winter in Wien nahe dem Kaiserhof und die schöne Jahreszeit auf ihren Besitzungen in Mähren, vorwiegend auf Schloss Austerlitz (heute Slavkov). Dort verlief das Leben Jahr für Jahr in denselben geregelten Bahnen. Der Unterricht und die Mahlzeiten erfolgten auf die Minute pünktlich immer zur selben Zeit, ebenso die Kirchenbesuche an Sonn- und Feiertagen. Auch die Aufenthalte im Park, die Besuche bedürftiger Familien und die Abend-Unterhaltungen mit literarischem und musikalischem Programm wurden mit der Präzision eines Uhrwerks abgespult. Diese seine Kindheit prägende Ordnung sollte Wenzel sein ganzes Leben beibehalten – beziehungsweise noch steigern, und zwar ins nahezu Exzessive.

Wenzel wurde nie auf eine höhere Schule geschickt. Lerneifer und Bildungshunger zeigten sich dennoch bald. Er studierte mehr oder weniger auf eigene Faust Geschichte, alte und neue „Erdbeschreibung", die einzelnen Länder Europas, ihre Konflikte und politischen Verfassungen. So kam es, dass seine Bildung weniger gründlich und tief war als vielseitig. Wert wurde vor allem auf geschliffene Umgangsformen, auf Höflichkeit und Anstand gelegt, ein hoher Stellenwert kam auch den Sprachen zu. Französisch und Italienisch waren neben Deutsch selbstverständlich, dazu kamen Latein und Tschechisch, das man mit dem Personal sprach.

Möglicherweise lag es an der schwächlichen Gesundheit des Heranwachsenden, dass der Soldatenberuf für ihn nie in Betracht gezogen wurde. Um seinen Söhnen eine angemessene Versorgung zu verschaffen, nützte Vater Max Ulrich seine früheren Beziehungen zum Vatikan. Er ersuchte Papst Benedikt XIII. um Anwartschaften auf Kanonikate in Münster oder Paderborn – zu diesem Zeitpunkt war Wenzel noch nicht einmal 14 Jahre alt. Tatsächlich wurde er Domherr in Münster und seine beiden Brüder Carl in Lüttich und Johann Josef in Olmütz. Zu tragenden Stützen der Geistlichkeit entwickelte sich dennoch keiner von ihnen. Zwei der Brüder starben früh, Carl mit 22, Johann Josef mit 17 Jahren, und Wenzel entschied sich gegen eine Karriere in der Kirche.

Entscheidung für eine weltliche Karriere

Dass Kaunitz – wie später oft behauptet wurde – an verschiedenen Universitäten wie Wien, Leiden und Leipzig juristische und politische Studien betrieben hat, lässt sich nicht beweisen. Gesichert ist nur sein Aufenthalt in Leipzig, jener Stadt, in der gerade zu diesem Zeitpunkt die schöne Literatur und die Rechtswissenschaften einen Höhepunkt erreichten, die sich zur ersten Bücherstadt Deutschlands entwickelte und in der ein verfeinerter Lebensstil gepflegt wurde. In diesem „Klein-Paris" schloss er seine Studien im Herbst 1732 ab.

Abgeschlossene Studien und geschliffene Sitten waren aber noch lange nicht alles, was für einen Aristokraten des 18. Jahrhunderts zählte. Von entscheidender Bedeutung war auch, dass er Reisen unternahm. Als sich Kaunitz vom Herbst 1732 bis zum Sommer 1733 in Begleitung seines Hofmeisters von Paderborn aus über Münster und Osnabrück nach Holland in die Österreichischen Niederlande, dann nach Venedig, Mailand, Rom, Neapel und Paris begab, war das mehr als die übliche „Kavalierstour". Er reiste sparsam, verzichtete auf kostspielige Vergnügungen, beschränkte sich auf die Besichtigung der wichtigsten Sehenswürdigkeiten und Kunstwerke und suchte den Kontakt zu führenden Persönlichkeiten des geistigen, politischen und kirchlichen Lebens. Über seine Erlebnisse und

Der Aufenthalt in Paris geriet für Kaunitz zum Höhepunkt seines Lebens. Die Stadt an der Seine faszinierte ihn dermaßen, dass er seine vielen „Unpässlichkeiten" vergaß und auch nicht unter Fieberschüben litt.

Eindrücke führte er penibel Buch. In kleinster, feinster Schrift, die schon im 21-Jährigen den späteren Pedanten erahnen lässt.

Von der Reise zurückgekehrt, verzichtete Kaunitz im Sommer 1733 freiwillig auf sein Kanonikat in Münster, begab sich nach Österreich und trat im Jänner 1735 als Reichshofrat in die Dienste Kaiser Karls VI. In dieser Stellung hatte er Akten zu begutachten und zu beurteilen, konnte aber sonst das Leben eines hochadeligen Müßiggängers führen und sich den vielen Wehwehchen seiner stets schwächelnden Gesundheit widmen. Finanziell brachte ihm das Amt keine Vorteile, im Gegenteil: In einem Brief an einen seiner Vertrauten in Rietberg beklagte er sich darüber, dass er mit seinen kärglichen Einkünften kaum das Auslangen finden könne. Er entwarf sogar einen Plan, durch eine Art „Vorschuss" auf sein Erbe jährlich zu 3000 Gulden zu kommen.

Die bedrängten finanziellen Verhältnisse hinderten Kaunitz

137

nicht daran, Heiratspläne zu schmieden. Er hatte sich mit Gräfin Ernestine Starhemberg verlobt, der Enkelin von Gundaker Starhemberg, Bruder des berühmten Verteidigers von Wien bei der zweiten Türkenbelagerung. Dieser hatte es zwar als Finanzfachmann zu erheblichem Reichtum gebracht, wie aus dem Heiratsbrief hervorgeht, davon war allerdings wenig für seine Enkelin übrig geblieben. Kaunitz musste seine Familie immer wieder um Darlehen bitten. Sowohl sein Vater als auch seine Mutter sprangen hilfreich ein. Die Ehe wurde schließlich im Mai 1736 geschlossen und in rascher Abfolge gebar die Gräfin sechs Söhne und eine Tochter.

Die ersten drei Söhne Ernst, Moriz und Dominik waren schon auf der Welt und Kaunitz' Stellung in der Wiener Hofgesellschaft dank seiner Heirat gefestigt, als Maria Theresia 1740 nach dem überraschenden Tod ihres Vaters zur Regentin aufstieg. In ihrer Not hielt sie sich fürs Erste an die alten erprobten Räte ihres Vaters – und zu diesen zählte Kaunitz nicht. Für ihn, der sich zu diesem Zeitpunkt ins Privatleben zurückgezogen hatte, seine Gesundheit pflegte und beobachtend abwartete, sah sie den diplomatischen Dienst vor. Das Angebot, als Gesandter nach Kopenhagen zu gehen, lehnte er allerdings ab – er fürchtete, das kühle nordische Klima könne ihm schaden. Als ihn Maria Theresia aber im März 1741 damit beauftragte, in Rom, Turin und Florenz die Botschaft von der glücklichen Geburt des Thronfolgers zu verkünden, nahm er gerne an.

Auf diese erste freudige Mission folgte für Kaunitz eine rund zehn Jahre dauernde Periode im Diplomaten- und Hofdienst. Den Auftakt dieser „Wanderjahre" bildete ein zweijähriger Aufenthalt in Turin. Das war kein leichter Posten, denn inzwischen war der Erbfolgekrieg in voller Härte ausgebrochen und König Karl Emanuel von Sardinien und sein Minister Ormea waren unberechenbare, doppelzüngige Partner, mit denen es immer wieder zu heftigen Konflikten kam. Für Kaunitz war dies aber eine Herausforderung, eine Gelegenheit, seine diplomatischen Fähigkeiten zu schulen. Erstmals konnte er sich ausgiebig im Verbreiten irreführender Gerüchte üben, im Legen falscher Fährten und im hartnäckigen Leugnen, so man ihm auf die Schliche kam.

In einer Denkschrift für Maria Theresia entwarf er Pläne, wie der Krieg rasch beendet werden könne: Alle Kräfte müssten zusammengefasst und gegen den bourbonischen Erbfeind eingesetzt werden, Bayern müsse als Verbündeter gewonnen werden, Kaiser Karl VII. solle daher Neapel erhalten und Sizilien solle dem Königreich Sardinien zufallen. Diese Pläne waren zu abenteuerlich, um realisiert zu werden. Maria Theresia aber wurde auf den jungen, kühnen Diplomaten aufmerksam.

König Karl Emanuel entschied sich im Erbfolgekrieg schließlich doch gegen Spanien und für Maria Theresia. Das lag aber weniger an Kaunitz' diplomatischem Geschick als an der Schlagkraft der österreichischen Truppen. Was der junge Diplomat allerdings zustande brachte war, eine Basis für die weitere politische Entwicklung zu schaffen.

Die zweite Station des mittlerweile stolzen Vaters von sechs Söhnen war Brüssel. Maria Theresia entsandte den inzwischen zum Wirklichen Geheimen Rat aufgerückten Kaunitz im Oktober 1744 als Obersthofmeister ihrer geliebten, mit Karl von Lothringen, dem Bruder ihres Mannes, verheirateten Schwester Maria Anna in die Niederlande und ernannte ihn zum bevollmächtigten Minister. Da der Weg dorthin mitten durch Kriegsgebiet führte, musste Kaunitz seine Familie vorerst in Wien zurücklassen. Im Gepäck hatte er einen handgeschriebenen Empfehlungsbrief Maria Theresias an ihre Schwester: „(…) Alles, was ich Dir sagen kann, ist, dass er mir Deines Vertrauens würdig zu sein scheint, dass er dies nicht missbrauchen und sogar in Privatangelegenheiten guten Rath geben wird. Ich habe ihn, während er hier war, vielfach und von den verschiedensten Seiten betrachtet, um über alles Gewissheit zu erlangen, und ich kann versichern, dass ich von ihm befriedigt war (…).“[85]

Kaum war Kaunitz nach langer und beschwerlicher Reise in Brüssel eingetroffen, überschlugen sich die Ereignisse. Die Erzherzogin hatte wenige Tage zuvor eine Totgeburt erlitten und war sterbenskrank. Aus Wien reiste Dr. Engel an, und Kaunitz rief zusätzlich den als hervorragenden Mediziner gerühmten van Swieten an das Krankenbett. Bald konnte er freudig nach Wien berichten, dass sich der Zustand der Kranken gebessert habe, dann aber musste er revidieren, denn Maria Annas Gesundheitszustand unterlag enormen Schwankungen. Auf die Besserung folgten Fieberschübe und heftige Schmerzen, schließlich verloren die Ärzte den Kampf gegen den Tod. Maria Anna starb am 16. Dezember 1744.

Ärgeres hätte dem erklärten Hypochonder Kaunitz, der nichts mehr hasste und fürchtete als Krankheit, Leid und Tod, und der später sogar seiner Dienerschaft aufs Entschiedenste verbot, diesbezügliche Worte in den Mund zu nehmen, nicht zustoßen können. Noch völlig außer sich schrieb er nach Wien an Tarouca: „Heute erlebte ich einen fürchterlichen Tag; auch bin ich davon so aufgeregt, dass ich Fieber habe. Dieser grausame Tod und unmittelbar darauf das schreckliche Schauspiel, indem drei Frauen der verstorbenen Erzherzogin in Convulsionen verfielen und einen der Ärzte, den alten Lopez, eine Art Schlaganfall traf, das Geheul von allen Seiten und nach alledem die traurige Function, die ich zu vollziehen hatte, die Papiere und Nippsachen zusammenzuraffen und bis 1 Uhr Nachmittags in Gegenwart des Leichnams überall die Siegel anzulegen, dies gehört zu jenen Dingen, welche man leichter fühlen als darstellen kann (…).“[86]

Zu leiden hatte Kaunitz auch aus anderem Grund. Wieder einmal quälten ihn Geldsorgen. Seine Eltern unterstützten ihn zwar immer wieder, er hatte jedoch immense Ausgaben zu bestreiten. In Turin musste er seinen Haushalt auflösen, einen Teil seiner Einrichtung veräußerte er weit unter Wert, den anderen Teil ließ er nach Wien bringen. Er hatte die Kosten für eine zahlreiche Dienerschaft zu tragen und seine Reise nach Brüssel selbst zu finanzieren. Der Staat schuldete ihm bereits seit neun Monaten seine gesamten Bezüge. Erst als er aufs Dringlichste um Bezahlung ersuchte, reagierte man in Wien. Er erhielt endlich sein Geld und bekam nach langwierigen Interventionen dieselbe Besoldung wie sein Vorgänger Königsegg als „bevollmächtigter Minister" zugesprochen.

Zeit und Muße, sich über den Geldsegen zu freuen, fand Kaunitz kaum. Bald spitzte sich die Situation dramatisch zu. Die Franzosen und ihre Verbündeten befanden sich mit 80.000 Mann in den Niederlanden auf dem Vormarsch gegen die britisch-niederländische Armee, belagerten Brüssel und eroberten es schließlich im Februar 1746. Kaunitz verließ die Stadt, das feierliche „Te Deum" der Franzosen zur Eroberung wollte er nicht miterleben müssen. Ganz der unermüdliche Diplomat, streckte er dennoch seine Fühler aus, führte Unterredungen mit Befehlshabern der gegnerischen Mächte und brachte in Erfahrung, dass der König von Frankreich nichts sehnlicher wünsche als den Frieden.

Ein Mann von schwacher Gesundheit

Für Kaunitz wurde der Aufenthalt in den Niederlanden immer unerträglicher. Er wollte nichts als weg, und zwar so schnell wie möglich. Ein ums andere Mal suchte er um Enthebung von seinem Posten an. Er litt, auch körperlich. Seit zwei Tagen liege er wieder fieberkrank zu Bett, schrieb er im März 1746 aus Antwerpen nach Wien, seine Gesundheit müsse der Überbürdung mit Geschäften und Sorgen erliegen, wenn er nicht bald von dieser Last befreit und ein Nachfolger ernannt werde. Und wenige Tage später beklagte er sich bei Tarouca: „Es ist gewiss, dass ich auch nicht der geringsten Arbeit mehr fähig bin, und höchstwahrscheinlich, dass es mir das Leben kosten wird, wenn ich während dieses Frühlings und Sommers nicht die mir so nothwendigen Heilmittel anwenden kann. Seit länger als acht Monaten harre ich in Geduld und Unterwürfigkeit der Gewährung meines Entlassungsgesuchs. Ohne mich entmuthigen zu lassen, habe ich seither mit aller nur immer möglichen Ausdauer fortgearbeitet, aber das kann nicht so weitergehen, und es ist nicht daran zu denken, dass ich noch während des bevorstehenden Feldzuges hier bleiben kann."[87]

Kaunitz ließ es sich auch nicht nehmen, seine Leiden im Detail zu schildern. Im ganzen Körper, insbesondere aber im linken Arm fühle er einen schwer zu beschreibenden, dumpfen Schmerz, und der Arm sei so schwach, dass er sich desselben gar nicht bedienen könne. Im Mai setzte er noch eins drauf: Die erste und einzige Gnade, die er jemals verlangt habe, begehre er jetzt, und sie bestehe in nichts anderem als in seiner raschen Befreiung.

Die Franzosen rückten indes in den Niederlanden immer vehementer vor. Das verbündete England schickte zu wenige Truppen. Hundertvierzigtausend Mann gegen vierzigtausend, so standen die Kräfteverhältnisse. Für Kaunitz drohte ein Albtraum wahr zu werden, er fürchtete, abermals eingeschlossen zu werden in einer belagerten Stadt, diesmal in Antwerpen. Wieder einmal hatte er hohes Fieber. Am 18. Mai ließ er sich von seinem Bett in einen Wagen tragen und es gelang ihm, holländisches Gebiet zu erreichen. Von dort fuhr er durch die Kolonnen des französischen Heeres nach Löwen und kam dort so erschöpft an, dass er zwei Tage das Bett hüten musste. Dann ging es weiter über Maastricht nach Aachen, wo er abermals erkrankte. Am 18. Juni endlich wurde seine Bitte um Enthebung von seinem Posten erfüllt. „Kein größeres Vergnügen habe ich in meinem Leben empfunden", schrieb er an diesem Tag nach Wien, „als da ich endlich (…) die zuverlässige Nachricht erhielt, dass Ihre Majestät meine Abberufung gnädigst beschlossen (…)."[88]

Jetzt konnte sich Kaunitz nach Spa begeben. Zur Kur, nach der er sich so sehr gesehnt hatte und von der er sich Genesung erhoffte. Mit Wassertrinken und Moorpackungen allein aber war er auch in Spa nicht ausgelastet. Er streckte seine Fühler aus. Constantin Wurzbach: „Als unbeschäftigter, beobachtender Diplomat hatte er bald Gelegenheit zu entdecken, daß die Fäden der Geschicke Europa's in den sammtweichen Händen einer Maitresse lagen. Die Pompadour, welche mit den Geschicken ihrer Sorte von Weibsbildern ziemlich vertraut war, wollte unter keiner Bedingung ihren lüsternen und geistesarmen König von ihrer Seite lassen. Diese ihre Absicht war aber sehr gefährdet, wenn ein neuer Krieg ausbrach und der König zum Heere sich begab."[89]

Frankreich strebte also einen „Frieden um jeden Preis" an, und einen solchen wünschte mittlerweile auch Maria Theresia. Zu diesem Zeitpunkt galt Kaunitz bereits als einer der gewandtesten Diplomaten des Reiches. Sein ständiges Klagen und Jammern über seinen Gesundheitszustand nahm in Wien niemand wirklich ernst. Seine Vorschläge hingegen schon. „Jetzt reifte in ihm der Plan zu einem grundstürzenden außenpolitischen Systemwechsel", schreibt der Historiker Friedrich Walter. „Vorsichtige Lockerung der Verbindung mit den Seemächten England und Holland, Sprengung des französisch-preußischen Bündnisses, Gewinnung der Freundschaft des Versailler Hofes, Pflege der 1746 zustande gekommenen Verbindung mit Rußland."[90]

Das Angebot, an den bevorstehenden Friedensverhandlungen in Breda als Bevollmächtigter teilzunehmen, lehnte Kaunitz vehement ab. Er wolle nach der Kur in Spa nach Rietberg und dann im Winter nach Italien, um im dortigen milden Klima zu genesen, ließ er Tarouca wissen. Und dann kam doch alles anders. Im September 1746 starb sein Vater und er musste nach Rietberg, um seine Erbschaftsangelegenheiten zu klären. Im Jänner 1748 aber reiste er schließlich doch zu den Friedensverhandlungen nach Aachen. Und das mit größtem Erfolg. Friedrich Walter: „War Kaunitz in Turin, die hier herrschende machiavellistische Anschauung von der grundsätzlichen Amoralität der Politik in sich aufnehmend, mit den jede List und Verschlagenheit rechtfertigenden diplomatischen Methoden (…) vertraut geworden, in Aachen fand er zu den entscheidenden Zielsetzungen seiner politischen Lebensarbeit, die da hießen: Freundschaft mit Frankreich, Anlehnung an Rußland und – Kampf gegen Preußen (…).“[91]

In Wien kam es 1749 zu einer denkwürdigen Sitzung des Staatsrates. Maria Theresia präsidierte persönlich. Versammelt waren Ulfeldt, Königsegg, Harrach, Bartenstein und, als jüngster, Kaunitz. Thema der Sitzung war die Frage des Bündnisses mit den Seemächten. Während die älteren Herren der Reihe nach langsam und umständlich ihre Meinung kundtaten, gab sich Kaunitz betont gelangweilt. Er schnitt an einer Feder herum, ließ seine Uhr repetieren und sah zum Fenster hinaus. Maria Theresia, genervt über sein Verhalten, war kurz davor, ihn des Saales zu verweisen. Endlich kam er, der Jüngste, an die Reihe. Plötzlich war er hellwach und mit größter Leidenschaft bei der Sache. Er hielt eine flammende Rede und brachte so schlagende Argumente vor, dass bald alle seine Meinung über eine Allianz mit Frankreich teilten.

Seine persönliche Vorliebe auch politisch umzusetzen war für Kaunitz weniger schwierig, als es vorerst den Anschein hatte. Längst war auch die öffentliche Meinung gekippt, man begann eine Annäherung an Frankreich in Betracht zu ziehen. Auch der französische Hof hielt eine Veränderung in diesem Sinne immer mehr für denkbar, die Beziehungen zwischen Versailles und Berlin hingegen kühlten von Woche zu Woche ab. Was Kaunitz in Aachen behutsam und mit eleganter Doppelzüngigkeit eingefädelt hatte, schien in greifbare Nähe zu rücken.

144

Der große Coup

Seinem Ziel, Frankreich zum Verbündeten Österreichs zu machen, was später zum größten politischen Erfolg seines Lebens wurde, kam Kaunitz im Herbst 1750 einen Schritt näher. Er wurde für zwei Jahre zum Botschafter in Paris bestellt. Gut möglich, dass er diesmal angesichts der bevorstehenden Abreise keine Fieberschübe erlitt, denn in Wien hatte er mit jeder Menge Widerstand zu kämpfen. Graf Tarouca konnte Kaunitz nicht leiden, und die Zustände in der Staatskanzlei waren dank der Unfähigkeit Bartensteins und der permanenten Eifersucht Ulfeldts alles andere als erfreulich. Dazu kam, dass er im September 1749 durch den Tod seiner Gattin einen schweren Schicksalsschlag erlitten hatte. Er war jetzt ein Witwer, der für sieben kleine Kinder zu sorgen hatte.

Der zweijährige Aufenthalt in Paris geriet zum glanzvollen Höhepunkt im Leben des Grafen Kaunitz. An der Seine war er ganz in seinem Element. Er trat als vollendeter Kavalier auf, hatte zahlreiche galante Abenteuer – unter anderen mit der berühmten Sängerin Gabrielle und ein paar niedlichen „Grisetten" – und machte sich mit der aktuellen Kunst und dem Geist der französischen Literatur vertraut, vor allem mit Voltaire. Er verschaffte sich innerhalb kürzester Zeit in den höchsten Kreisen Ansehen und Respekt und erfreute sich bester Gesundheit. Constantin Wurzbach: „Er wurde äußerlich ganz Franzose. Alle seine Handlungen und Aufmerksamkeiten bezeugten es. Ungesucht, gewandt, verbindlich, unaufhörlich, immer in neuer Art und Wendung, wies er darauf hin, wie es für Oesterreich und Frankreich nur eine Gewohnheit, gleichsam nur eine alte Unart sei, einander beständig entgegenzuwirken, sich zu trennen und zu schlagen, anstatt sich zu vereinen und zu herrschen."[92]

Nach seiner Rückkehr nach Wien ernannte Maria Theresia Kaunitz im April 1753 offiziell zum Staatskanzler und übertrug ihm

Kaunitz um 1762: Zu diesem Zeitpunkt war er bereits der mächtigste Mann im Staat.

die Leitung der österreichischen Außenpolitik. In der Staatskanzlei blieb in der Folge kein Stein auf dem anderen. Kaunitz machte sie innerhalb kürzester Zeit zu einem reibungslos funktionierenden, modernen Außenministerium. Gegen den Widerstand der Alteingesessenen, allen voran jenen Bartensteins. Ihn wies Kaunitz gleich einmal in die Schranken. Als dieser dem neuen Minister seine Aufwartung machen wollte, empfing er ihn drei Tage lang nicht.

Den neuen Wind, der durch die Staatskanzlei blies, bekamen auch diverse Gesandte zu spüren. So beklagte der spätere preußische Großkanzler Maximilian von Fürst und Kupferberg, unter Ulfeldt und Bartenstein sei es viel leichter gewesen, Geheimnisse zu erfahren und es hätte auch mancherlei Wege gegeben, an Informationen zu kommen. Nicht genug damit, dass Kaunitz selbst unbestechlich und umsichtig sei, darüber hinaus seien auch seine Subalternen völlig unzugänglich.

Zu den Neuerungen zählte weiters, dass Kaunitz von Tarouca die niederländischen und lombardischen Geschäfte übernahm. Er vereinigte auch die Staatskanzlei mit der Hauskanzlei, ordnete ihr das Staats-, Haus- und Hof-Archiv unter und legte Maria Theresia den Plan für eine Akademie der orientalischen Sprachen vor. Bald war es unübersehbar: Die Monarchin und der Staatskanzler entwickelten sich zu einem Erfolgs-Duo, das den Staat von Grund auf modernisierte.

Kaunitz hatte sich als Diplomat lange Jahre darin geübt, Listen und Ränke gezielt einzusetzen. Zu welcher Perfektion er diese Kunst gebracht haben muss, lassen seine Erfolge bei Maria Theresia erahnen. In langen und mühseligen Verhandlungen gelang es dem Freimaurer Kaunitz, die erzkatholische Maria Theresia dazu zu bewegen, Einfluss und Sonderrechte der Kirche zu beschneiden. Die Sonderrechte der Kirche seien dazu angetan, einen katholischen Staat einem protestantischen – wie Preußen – unterlegen zu machen, impfte er ihr ein. Das zog. Österreich durfte dem Erzfeind Preußen auf keinen Fall unterlegen sein! Also stimmte die Monarchin der festen Abgrenzung weltlicher von kirchlicher Macht zu, der Säkularisierung des Kirchenbesitzes, dem Ende der Steuerfreiheit des Klerus und schließlich der – bereits zuvor von van Swieten angeregten – vollkommenen Entmachtung der Jesuiten.

Am Höhepunkt seines Einflusses gelang Kaunitz eine Reihe von weit tragenden Neuerungen. Er hatte wesentlichen Anteil an der Förderung von Wissenschaft und Kunst, der Zentralisierung der Verwaltung, dem neuen, oft Haugwitz zugeschriebenen Steuersystem und der Schaffung der allgemeinen Rechnungskammer, der das gesamte Finanzwesen untergeordnet wurde und die dem Staat Jahr für Jahr hohe Zuwächse garantierte. Auf seine Initiative hin wurden Seehäfen ausgebaut, darunter Triest und Fiume (heute Rijeka), sowie Straßen und Kanäle angelegt.

Neben den Reformen im Inneren nahm Kaunitz die Außenpolitik ins Visier. Langsam, still und heimlich hatten sich England und Preußen angenähert. Ein Intrigenspiel ersten Ranges. Kaunitz antwortete auf geniale Art mit dem „Renversement des alliances", dem Bündnis zwischen Österreich und Frankreich. Es wurde am 1. Mai 1756 mit dem in Versailles geschlossenen Neutralitäts- und Freundschaftsvertrag Realität. Maria Theresia setzte „gern und de bon coeur" ihren Namen unter den Vertrag.

Der Vertrag gilt als die diplomatische Glanzleistung Kaunitz', als sein Meisterstück. Der mittlerweile versierte Diplomat aber schaffte noch mehr. Er stand mit der Marquise de Pompadour in ständigem Briefwechsel, er wusste genau, dass sie es war, die in Frankreich die Fäden der Politik zog. Für die sittenstrenge Maria Theresia war die Mätresse des Königs naturgemäß ein rotes Tuch. Und doch gelang es Kaunitz, sie dazu zu bewegen, sie in einem halb scherzhaften Brief als „Madame ma très chère soeur" zu nennen.

Machtmensch und Fädenzieher

Die Entscheidung, Kaunitz zum „ersten Mann im Staat" zu machen, war Maria Theresia nicht leichtgefallen. Zu groß waren die charakterlichen Unterschiede zwischen ihr und ihm, zu enervierend seine wiederholten Hinweise auf seine schwache Gesundheit, zu gewöhnungsbedürftig sein penetranter Ehrgeiz und seine „Wunderlichkeiten", etwa, dass er ständig winzige Fussel von seiner Kleidung zupfte. Khevenhüller gegenüber sprach sie immer von den

„Eigenschaften des Grafen, die keinen langen Bestand mit ihm versprecheten"[93].

Gerade mit dieser Prognose sollte Maria Theresia allerdings falsch liegen. Die Wunderlichkeiten des Grafen nahmen mit den Jahren zwar zu und an Unstimmigkeiten gab es jede Menge, es wurde aber doch eine Verbindung auf Lebenszeit.

Was Kaunitz von Anfang an bei der Regentin einen großen Pluspunkt verschafft hatte, war seine Unversöhnlichkeit Preußen gegenüber. Schon 1749 hatte er den Verlust Schlesiens „unverschmerzlich" genannt und ihr versichert, er werde alles daran setzen, „es wieder herbey zu bringen". Das war Musik in ihren Ohren. Ihre Sympathien hatten aber auch andere Gründe. Sie betrachtete es als heilige Pflicht, das Erbe ihres Vaters zu erhalten. Darin fühlte sie sich durch Kaunitz bestärkt. Der Historiker Alexander Novotny ortet darüber hinaus noch einen weiteren Grund: „Maria Theresia gehörte zu den Frauen, die für Männer, mit denen man ‚Staat' machen kann, etwas übrig hatte. Die Enttäuschungen, die der Gatte ihr durch seine Interesselosigkeit, durch seine Untreue usw. bereitete, mußte in ihr das Gefühl der Vereinsamung stärken. Sie fand nun die seelische Anlehnung an den Mann, der, ein glänzender Geist und ein verläßlicher Charakter, wohl das Gegenteil ihres Temperamentes, kühl, klar und ruhig an ihrer Sorge für den Staat den mutigsten, emsigsten, unerschütterlich zuverlässigsten Anteil nahm."[94]

Ganz in diesem Sinne bewies Maria Theresia Kaunitz ihr Vertrauen, als sie sich der Meinung ihrer Ratgeber und Minister widersetzte und sich für das von ihm angestrebte Allianzsystem mit Frankreich entschied. Und ebenfalls in diesem Sinne nahm sie auch seine Launen und Schrulligkeiten gelassen hin und kümmerte sich geradezu rührend um seine Befindlichkeiten. Über alle Unterschiede hinweg. Kaunitz hasste frische Luft, ja er betrachtete sie als „Gifthauch" und hielt sich auf dem kurzen Weg von der Staatskanzlei

In der „Vorstadt" Mariahilf bewohnte Kaunitz ein prachtvolles Palais mit Garten.

zur Burg stets ein Taschentuch vor den Mund, um sich vor ihr zu schützen. Maria Theresia hingegen war eine Frischluftfanatikerin, sie arbeitete stets bei weit geöffneten Fenstern, auch im Winter. Erschien Kaunitz bei ihr zum Vortrag, erscholl regelmäßig ihr lautes Kommando: „Kaunitz kommt, Fenster zu!"

Dass Kaunitz seine Eigenheiten geradezu kultivierte, war kein Geheimnis. Schon seine Alltagsgewohnheiten sorgten, soweit denn Kunde davon aus seinen Privatgemächern nach außen drang, für Schmunzeln und Kopfschütteln. Er stand um 9 Uhr auf, nahm ein Frühstück ein, das genau abgewogen werden musste, auch Kaffee und Zucker, und kleidete sich mit größter Sorgfalt an. Die Perücke wurde nicht gepudert, sondern in einem mit Puderstaub erfüllten Raum so lange geschwenkt, bis jede Seite gleich war, er setzte sie dann so auf die Stirn, dass sie jede Falte sorgfältig bedeckte. In sei-

150

nen Wohnräumen hingen zahlreiche Thermometer und Barometer, nach ihnen richtete sich das Heizen der Öfen. Er arbeitete zwischen 11 und 12 Uhr und nahm Tag für Tag das gleiche Mittagessen ein, Huhn mit Reis. Abends aß er nicht. Seine Sparsamkeit grenzte an Knauserei. Die einzige sportliche Betätigung, die er sich gönnte, war das Reiten. Er begab sich täglich in die Reitschule, ritt drei Pferde, jedes auf die Minute genau gleich lang, und das bis ins hohe Alter. Nur bei allerwärmstem Wetter genehmigte er sich im Garten seines Palais in Mariahilf – es lag in der heutigen Amerlingstraße – einen Ausritt im Freien.

Auch als Staatsmann dachte Kaunitz nicht daran, sich anzupassen. Er wirkte auf den ersten Blick kalt und steif. Ehrgeiz und Eitelkeit waren seine augenfälligsten Charaktereigenschaften. Wie in Wien tätige Gesandte berichteten, war der Verkehr mit ihm schon wegen seiner Umständlichkeit mühsam. Über Konventionen setzte er sich großzügig hinweg. Sogar dem Kaiserpaar gegenüber ließ er es oft am nötigen Respekt mangeln. Zu Sitzungen, aber auch zu öffentlichen Feierlichkeiten „kamme er meistentheils zu spatt“, bekrittelte Khevenhüller, und nicht nur das: „Er erschien auch oft à sa façon und nach seinem bekanten Singularismus gestiffelt im Rais-Kleid.“[95]

1756 überfiel Friedrich II. Sachsen. Der Siebenjährige Krieg entbrannte. In diesem Moment wurde Kaunitz für Maria Theresia vollends unersetzlich, er wurde zu ihrem wichtigsten Berater. Kaunitz agierte mit überlegener Klugheit, klarem Verstand und wagemutiger Kühnheit und zeigte, dass er die diplomatischen Mittel restlos beherrschte. Hatte Friedrich II. anfangs noch über Kaunitz' „ridicules“, seine Lächerlichkeiten, gespöttelt, verging ihm bald das Lachen. Er erkannte, dass Kaunitz ein hochgefährlicher Gegner war. Tatsächlich gelang es diesem 1757, Frankreich zu einem Offensivbündnis gegen Preußen zu gewinnen und zusätzlich Russland und Schweden mit ins Boot zu holen.

Allegorie auf den Frieden von Hubertusburg: Friedrich II. reicht Maria
Theresia den Ölzweig – diese gibt sich aber unnahbar.

Während des Krieges wurden die militärischen Operationen
von der Staatskanzlei koordiniert. Kaunitz traf sogar militärische
Entscheidungen selbst. Was ihm allerdings nicht gelang, war, die
Verbündeten zu einem gemeinsamen Vorgehen zu bewegen. Das
Kriegsglück neigte sich einmal der einen, dann wieder der anderen
Seite zu. Ein entscheidender Sieg blieb aus. Kaunitz kritisierte den
nicht energisch genug agierenden Daun, favorisierte den Freiherrn
von Laudon und leitete innerhalb des Staatsapparats Reformen ein,
allerdings blieb auch das ohne entscheidenden Erfolg. Erst als der

neu an die Macht gekommene Zar Peter III., ein glühender Verehrer Friedrichs II., 1762 aus dem Bündnis mit Österreich ausstieg, konnte Kaunitz die Friedensbemühungen einleiten, die 1763 zum Frieden von Hubertusburg führten. Der Krieg war damit zu Ende, Schlesien aber war endgültig verloren.

Auch wenn der Ausgang des Krieges für Maria Theresia überaus schmerzlich war, machte sie ihren Kanzler nicht verantwortlich dafür. Im Gegenteil. Als Anerkennung seiner Leistungen in den sieben Kriegsjahren erhob sie ihn 1763 in den Reichsfürstenstand. Wie hoch sein Ansehen auch in der Bevölkerung war, lässt sich daran messen, dass er in den folgenden Jahren ehrfurchtsvoll „der alte Fürst" genannt wurde.

Eine schwere Beschädigung erfuhr die Stellung des Kanzlers zwei Jahre später, nach dem überraschenden Tod von Kaiser Franz Stephan 1765. Maria Theresia hatte mit ihrem engsten Vertrauten die Mitregentschaft Josephs besprochen. „Was Ihr mir über die künftige Mitregentschaft gesagt habt, tröstet mich unendlich, und ich rechne darauf, daß Ihr Euch dafür einsetzen werdet", schrieb sie ihm. „Lasset meinen Sohn nicht im Stich. Ich weiß, daß man ihm schmeichelt, aber daß er auch froh ist, mit Euch sprechen zu können. Vergeßt nicht, daß er es schätzt, wenn man ihn aufsucht. Eher vernachlässiget mich, ich wäre dankbar dafür, denn in mir könnte niemals der geringste Zweifel Eurer Anhänglichkeit aufkommen können."[96]

Dieser Brief war nur einer der unzähligen, von Herzenswärme und tiefer Zuneigung geprägten Vertrauensbeweise Maria Theresias. Er konnte aber nicht darüber hinwegtäuschen, dass ihr junger und ungestümer Mitregent Joseph zu einem neuen und unberechenbaren Faktor im Machtgefüge des Staates zu werden drohte. Und tatsächlich: Der fantasielose, fahrig-nervöse Vernunftmensch Joseph konnte mit der umständlichen, weit ausholenden Art des Vortrags von Kaunitz wenig anfangen. Sein ganz auf persönliches Wohlbefinden abgestimmter Lebensrhythmus, seine ständig vorgeschobenen Wehwehchen und seine Mimosenhaftigkeit gingen Joseph gegen den Strich. Und ganz junger Heißsporn, der versuchte, sich gegen die Allmacht seiner „Über-Mutter" zu stellen, verwehrte er sich auch gegen den nahezu despotischen Anspruch von Kaunitz, er hätte seine Ansichten bedingungslos zu teilen.

Ein schwieriges Verhältnis zum Thronfolger

Bald nach seinem Antritt der Mitregentschaft verfasste Joseph drei Denkschriften, in denen er so gut wie das gesamte Regierungssystem anprangerte. Kaunitz reagierte vorerst mit seiner in langen Diplomatenjahren perfektionierten Doppelzüngigkeit. Er lobte Josephs Ansichten und gab ihm zu verstehen, dass er ihnen weitgehend zustimme. Als dann aber Maria Theresia, offenbar infiziert von der Unzufriedenheit ihres Sohnes, versuchte, ihm Fürst Adam Georg von Starhemberg an die Seite zu stellen, griff er in seine mit Listen und Täuschungsmanövern prall gefüllte Trickkiste. Er wartete geduldig, bis Joseph im Sommer 1766 zu militärischen Manövern nach Böhmen abreiste. Kaum war Maria Theresia allein und ohne Rückhalt in Wien zurückgeblieben, reichte er sein Gesuch um Enthebung von seinen Ämtern ein. Aus gesundheitlichen Gründen, selbstverständlich. Gleich danach reiste auch er ab, auf seine Besitzungen in Mähren.

Maria Theresia war tief getroffen. „Euch verdanke ich vierundzwanzig recht bittere Stunden", schrieb sie ihm. „Nach reiflicher Überlegung sende ich Euch nunmehr als Monarch das Entlassungsgesuch zurück und will für alle Zukunft von dem Inhalt dieses Papiers keine Kenntnis haben. Ihr wißt, daß es nach dem schrecklichen Schlag, der mich traf, meine erste Sorge gewesen ist, Eure Stellung und Euer Ansehen bei meinem Sohn so zu festigen, wie sie bei mir ist. Das", so resümiert sie, „ist mir wohl vollkommen gelungen, wenn ich auch eingestehen muß, daß er Euch anfangs nicht sonderlich günstig gesinnt war. Und jetzt wollt Ihr mich im Stich lassen? Ihr, der mich so oft beschworen hat, die Regierung nur ja nicht aus der Hand zu geben?"[97]

Als dann auch Joseph einen versöhnlichen Brief schrieb und Kaunitz in Aussicht stellte, er werde ihm zur Entlastung einen „ad latus" zur Seite stellen, erklärte sich dieser bereit, weitere zwei Jahre im Amt zu bleiben. Es wurden 26 Jahre daraus, bis zu seinem Lebensende. Reibungslos freilich verliefen sie nicht. Zum einen, weil sich die schwierige Art, die Schrullen und die Wunderlichkeiten des Fürsten mit den Jahren noch verstärkten, zum anderen, weil sich auch Joseph nicht zu seinem Vorteil entwickelte und sowohl seine beißende Ironie als auch seine Unduldsamkeit später immer drastischer hervortraten.

In den folgenden Jahren kristallisierte sich eine höchst merkwürdige Konstellation heraus: Kaunitz lag geistig viel eher mit Joseph auf einer Linie als mit dessen Mutter – er war wie dieser ein erklärter Vertreter der Aufklärung, der Werte wie Toleranz und Freiheit schätzte und sich Gedanken über Reformen, moderne Staatsführung und das Wohl des Volkes machte. Der streng katholischen, in vieler Hinsicht nahezu verbissen konservativen Maria Theresia aber fühlte er sich weit enger verbunden. Er schätzte ihre Herzenswärme und Liebenswürdigkeit, gab sich ihr gegenüber als eifriger Katholik, der ihr zum Beweis seiner Frömmigkeit sogar seine Beichtzettelchen vorlegte. So gelang den beiden das überaus schwierige Unterfangen, in gegenseitiger Wertschätzung die Freiheitssphäre des anderen zu achten und die gemeinsamen Ziele über alltägliche Reibereien zu stellen.

Die Freiheit, die Maria Theresia ihrem Kanzler zugestand, hatte freilich auch Grenzen. Als dieser alles daran setzte, das Bündnis mit Frankreich durch geschickte Heiratspolitik zu festigen und die Hochzeit der erst 14-jährigen Marie Antoinette mit dem französischen Dauphin einfädelte, hatte sie dagegen nichts einzuwenden. Als aber der auch in späten Jahren die französische Kultur und Lebensart favorisierende Kaunitz für die Einrichtung eines französischen Theaters in Wien eintrat, erteilte sie ihm eine energische Abfuhr. Aus Gründen der Moral und des Anstands. Es war ihr schon lang ein Dorn im Auge, dass der verwitwete Kaunitz nicht wieder geheiratet hatte. Diese Form der „Sittenlosigkeit" wollte sie nicht noch durch die Anwesenheit französischer Schauspielerinnen fördern.

Dass Kaunitz zahlreiche wechselnde Damenbekanntschaften hatte, entging Maria Theresia nicht. Hinter vorgehaltener Hand wurden ihr Tratschgeschichten zugetragen, wie zum Beispiel jene, dass er eine seiner Geliebten stundenlang in einer Kutsche warten lasse, während er seinen Staatsgeschäften nachging. Eine andere kam durch eine Indiskretion des preußischen Diplomaten Christoph Heinrich von Ammon auf. Dieser behauptete, von Kaunitz verfasste Liebesbriefe gesehen zu haben: „(…) sie waren auf gebrochenen Bogen geschrieben wie eine Denkschrift und in einem Stil, wie er ihn bei wichtigen Verhandlungen verwendete."[98]

Als Staatsmann war Kaunitz auch unter Joseph II. gefordert. Ganz der lang geübte Intrigant und Fädenzieher, organisierte er 1769 ein Treffen zwischen dem jungen Kaiser und Friedrich II. in Neisse (heute Nysa) und dann im Jahr darauf ein zweites in Mährisch-Neustadt (heute Uničov). Er begleitete Joseph dabei höchstpersönlich und bestritt auch das Gespräch zum Großteil selbst. Der Preußenkönig wusste es ihm nicht zu danken. Kaunitz halte sich für ein Orakel in der Politik und alle anderen für seine Schüler, die er belehren wolle, ätzte dieser im Nachhinein. Die beiden Treffen verletzten und ärgerten Maria Theresia. Daran änderte auch nichts, dass sie eine vorsichtige Annäherung der beiden verfeindeten Staaten bewirkten, die 1772 in der ersten Teilung Polens gipfelte.

Noch schwieriger war die Rolle, die Kaunitz 1777 zu spielen hatte. Österreich beanspruchte nach dem Tode Maximilians III. Niederbayern und die Oberpfalz; ein ernster Konflikt drohte. Schon war dank Kaunitz' Verhandlungsgeschick eine Lösung in Sicht, da marschierte Joseph mit österreichischen Truppen in die Oberpfalz und in Niederbayern ein. Es dauerte nicht lang und Preußen mischte sich ein, indem es in Böhmen einmarschierte. Der Bayerische Erbfolgekrieg brach aus. Bald kam es auf allen Seiten zu logistischen Problemen, die Versorgung der Truppen funktionierte nicht, die Soldaten mussten sich von Erdäpfeln und beschlagnahmten Lebensmitteln ernähren, was dem Krieg den Spitznamen „Zwetschkenrummel" eintrug. Der Krieg endete, weil Maria Theresia über ihren Schatten sprang. Sie bat den König von Preußen, von einer Schlacht abzusehen, und dieser stimmte zu. Im darauf folgenden Frieden von Teschen wurde Österreich das Innviertel zugesprochen.

Nach Maria Theresias Tod ein Jahr später begann der Stern von Kaunitz zu sinken. Joseph II., nunmehr Alleinherrscher, hatte kein Interesse an der Ausgleichspolitik und den Ratschlägen des inzwischen gealterten und noch umständlicher gewordenen Kanzlers. Er preschte immer wieder im Alleingang vor und zog seine oft übereilten Reformen auch gegen dessen entschiedenen Widerspruch durch.

Als nach Josephs Tod 1790 Aufstände und Unruhen in Ungarn und den Niederlanden ausbrachen und ein neuerlicher Krieg mit Preußen drohte, gab der neue Kaiser Leopold II. Kaunitz die Schuld an dem Scherbenhaufen, den sein Bruder hinterlassen hatte. Er entließ ihn zwar nicht, schränkte seine Kompetenzen aber stark ein. Auch der nach dem überraschenden Tod von Leopold II. auf den Kaiserthron gelangte Franz II. beließ Kaunitz zwar im Amt, gestattete ihm aber keine Einflussnahme mehr. Als Kaunitz mit ansehen musste, wie die Vorbereitungen zur Zweiten Polnischen Tei-

Abzeichnung eines Details des Obelisken in Schönbrunn: Die Allegorie auf
Maria Theresias positives Wirken enthält zahlreiche Freimaurer-Symbole.

lung ohne ihn anliefen, trat er am 19. August 1792 zurück. Diesmal wurde sein Gesuch um Enthebung aus allen Ämtern, es war
insgesamt das sechste, angenommen.

Der – spät aber doch – in den so oft ersehnten Ruhestand
versetzte Staatskanzler pflegte auch im hohen Alter seine alten Gewohnheiten. Er nahm genau abgewogene Mahlzeiten zu sich, absolvierte seine exakt bemessenen Reitübungen, saß noch steifer als

sonst im Sattel, bevorzugte aber junge, ungestüme Hengste, und mied frische Luft. Er starb 83-jährig in seinem Palais in Mariahilf. Der Tod, den er sein Leben lang so panisch gefürchtet hatte, war gnädig mit ihm. Er ließ ihn sanft entschlafen, aus altersbedingter Entkräftung.

Kaunitz hat seine Handschrift in Wien auf einem Bauwerk hinterlassen, das auch heute noch Rätsel aufgibt. Franz Stephan von Lothringen hatte sich mit großer Begeisterung mit der Gestaltung des Schlossparks von Schönbrunn beschäftigt. Dabei ließ er Freimaurern wie den Architekten Hetzendorf von Hohenberg und Nicolas Jadot freie Hand. Die Fertigstellung des Parks war ihm allerdings nicht vergönnt. Nach seinem überraschenden Tod 1765 übernahm Kaunitz, ebenfalls Freimaurer, die weitere Gestaltung der Parkanlage. Unter seiner Aufsicht entstand der noch heute erhaltene Obelisk.

Die ägyptischen Hieroglyphen waren zum damaligen Zeitpunkt noch nicht entschlüsselt. Es war aber Mode, hieroglyphenartige Zeichen zu verwenden, um geheime Botschaften zu transportieren. So sind auf dem Obelisken entscheidende Stationen im Leben von Isis – symbolisch für Maria Theresia – dargestellt: Sie trauert um ihren Vater, tritt sein Erbe an, schenkt einem Thronfolger das Leben und herrscht mit ihm. Eine Darstellung zeigt eine Art Tempel, darin eine vielbrüstige Göttin, also Diana bzw. Artemis, die Zirkel und Winkel in den Händen hält und auf dem Haupt eine Stadt trägt. Auf ihrem Leib und um sie herum sind Freimaurer-Symbole angeordnet. Das Bild gilt als Allegorie auf das positive Wirken Maria Theresias auf Künste, Wissenschaft und das Schulwesen, also auf die Reformen und die Errichtung von Bauten. Es lässt aber auch Fragen offen: Hat Maria Theresia, die erklärte Hasserin der „Freigeister", erkannt, dass sie umgeben von Freimaurer-Symbolen dargestellt wurde? Oder ist der Obelisk einer der Winkelzüge des alten Fuchses Kaunitz?

Friedrich Wilhelm von Haugwitz

* 11. Dezember 1702 in Sachsen
† 11. September 1765 in Knönitz (heute Knínice, Tschechien)

7. Kapitel
Friedrich Wilhelm von Haugwitz

Sanierer der Staatsfinanzen, höchster Verwaltungsbeamter, Kanzler, Reformer und wichtiger Berater Maria Theresias

> *„Er sieht mehr einem Narren gleich als einem großen*
> *Mann; wenn er spricht, macht er die Augen zu.*
> *Aber doch hatte er das Recht zu sagen: mögen sie mich*
> *hassen, mögen sie mich auslachen – nach Belieben –*
> *wenn sie mich nur fürchten!"*

Maximilian von Fürst und Kupferberg,
der spätere preußische Großkanzler, über Haugwitz

Es war ein denkwürdiger Tag im Winter des Jahres 1741. Maria Theresia hatte Friedrich Wilhelm von Haugwitz zu sich in die Hofburg geladen und jetzt stand er vor ihr. Von gedrungener Gestalt, geradezu vierschrötig. Er zwinkerte unaufhörlich mit den Augen, schüttelte den Kopf, zuckte mit den Achseln, hüstelte und nieste. Das Paradebeispiel eines Neurotikers. Maria Theresia wusste nicht, wo sie hinschauen sollte, so nervös machte sie das andauernde Gezappel. Und doch: Der sonst bescheidene und ruhige, zuweilen sogar witzige Haugwitz war ein Mann nach ihrem Geschmack. Sie fand ihn „nach ihrem Humor", schätzte sein „guttes Mundstuck" und machte ihn im Laufe der Jahre zu einem ihrer wichtigsten Berater.

Viel Glanzvolles hatte Haugwitz zu diesem Zeitpunkt noch nicht erlebt. Er war 1702 als Sohn eines in sächsischen Diensten stehenden Generals geboren worden. In jungen Jahren trat er vom Protestantismus zum katholischen Glauben über und fand Beschäftigung als kaiserlicher Beamter der schlesischen Landesverwaltung. 1736 wurde er Beisitzer des Breslauer Amts und später Oberamtsrat von Schlesien. Und er fiel bald auf: Anders als seine hochadeligen

Standesgenossen, die sich damit begnügten, ihre Sekretäre arbeiten zu lassen, lediglich Schriftstücke zu unterfertigen und sich ansonsten ihren Vergnügungen zu widmen, scheute er nicht davor zurück, selbst zu arbeiten. Sein unermüdlicher Fleiß machte sich bald bezahlt. Innerhalb weniger Jahre war er mit sämtlichen Zweigen des Verwaltungsapparats vertraut, und zwar bis in die kleinsten Details. Schon hatte er sich zu seiner ersten, verantwortungsvollen Stellung als Leiter des neuen Kontributionssystems hochgearbeitet, das noch Kaiser Karl VI. zur Finanzierung seines kostspieligen Türkenkriegs einführen wollte, da setzte nach dem Tod des Kaisers der Einmarsch Friedrichs II. in Schlesien einen abrupten Schlusspunkt unter seine gerade beginnende Karriere.

Ein Sachse in Wien

Haugwitz machte sich auf nach Wien, „arm und ohne Hoffnung", wie er später schrieb. In der Residenzstadt war man aber bereits auf den Mann aufmerksam geworden, der sich durch Fleiß und Genauigkeit einen guten Ruf erworben hatte. Und er hatte gewichtige Fürsprecher: Franz Stephan von Lothringen höchstpersönlich, Graf Silva-Tarouca, den Sekretär Koch und die Gräfin Daun. Maria Theresia hatte auch bald Verwendung für den tüchtigen Beamten. Kaum waren die Friedensverträge von Breslau und Berlin 1742 unterzeichnet, schickte sie ihn als Chef der zentralen Landesverwaltung nach „Rest-Schlesien" zurück.

Für Haugwitz war das alles andere als eine leichte Aufgabe. Schlesien war auf einen schmalen Streifen Landes zusammengeschrumpft, und der war von Kriegsschäden gezeichnet. Von florierender Wirtschaft keine Spur. Maria Theresia erwartete dennoch von ihm, die Provinz neu aufzubauen und überdies für finanzielle Erträge zu sorgen. Haugwitz aber war klar: Mit einer Verwaltungsreform allein war dieses Problem nicht zu bewältigen. Da bedurfte es grundlegender Veränderungen. Das Problem musste an der Wurzel gepackt werden, und die lag im Konflikt des Landesfürstentums mit den Machtpositionen der adeligen Landstände. Kurz: Es galt ein für alle Mal festzulegen, wer die Macht im Staat hatte.

Ende 1743 legte Haugwitz, wie immer mit den Mundwinkeln zuckend, die Stirn in Runzeln legend und Grimassen schneidend, Maria Theresia seine ersten Reformpläne zur Regulierung des Flusses der Steuergelder in die Staatskasse auf den Tisch. Sie zielten auf das Ausschalten des ständischen Einflusses und sprachen dem Landesfürsten ein absolutes und uneingeschränktes Verfügungsrecht in allen innenpolitisch relevanten Bereichen zu, auch in der Finanzverwaltung. De facto hieß dies: Übertragung der Steuerverwaltung aus der ständischen in die staatliche Verantwortung, Besteuerung nicht nur der Untertanen, sondern auch der privilegierten Stände sowie Aufhebung der Steuerbefreiungen des Adels, der Geistlichkeit und einzelner Städte.

Auch die Finanzierung des Heeres nahm Haugwitz unter die Lupe. Die Dringlichkeit dieses Themas machte er Maria Theresia bewusst, indem er ihr vor Augen hielt, Schlesien sei nur verloren gegangen, weil sich nicht genug Truppen im Land befunden hätten – und wenn nicht bald etwas geschehe, werde es der Preußenkönig bei dem Überfall auf Schlesien nicht belassen. Stehe ihm kein effektives österreichisches Heer gegenüber, werde er weitere Gebiete okkupieren. Es sei also unumgänglich, die Finanzierung des Militärs abzusichern. Für Verpflegung und Unterkunft der Truppen sollten nicht mehr wie bisher die Länder aufkommen, schlug er vor, sondern die Heeresverwaltung. Damit ging Haugwitz einen weiteren Schritt in Richtung Verstaatlichung des Heereswesens, die angesichts der ständigen Geldnot zuvor bereits von Prinz Eugen angestrebt worden war.

Tatsächlich gelang es Haugwitz, in Schlesien die Steuerleistung zu steigern. Ein triftiger Grund für Maria Theresia, „das kleine Landl" zu einem „sichern und guten Model" für den Umbau des ganzen Reiches zu nehmen. Bevor er diesen endgültig in Angriff nehmen konnte, hatte sich Haugwitz allerdings noch anderweitig zu bewähren. Im Jänner 1747 entsandte ihn Maria Theresia als landesfürstlichen Untersuchungsbeamten nach Krain und anschließend nach Kärnten – zwei Länder, in denen (auch damals schon) katastrophale finanzielle Verhältnisse herrschten. Nicht nur, dass die Stände dort regelrecht Misswirtschaft getrieben, sich durch „unerlaubte largitiones und donationes", also Spenden und Geschenke, bereichert und immense Schulden angehäuft hatten, es war ihnen darüber hinaus gelungen, den Landeshauptmann und die höchste Beamtenschaft durch „Schmieralia" ruhigzustellen.

Haugwitz gelang es, in Krain und Kärnten Ordnung zu schaffen und auch den Widerstand der Stände niederzukämpfen. Maria Theresia war tief beeindruckt. So sehr, dass sie Feuer und Flamme dafür war, das von ihm ausgearbeitete, alle Länder außer Ungarn, die Niederlande und Italien umfassende „Hauptsystem" für Heeres- und Finanzwesen umzusetzen. Es sah neben der Verwaltungsreform auch eine Erhöhung der ständischen Kontribution von rund neun auf 15 Millionen Gulden zur Erhaltung eines über 100.000 Mann umfassenden Friedensheers vor.

Widerstand des Adels

Die Stände freilich waren von diesem Plan ganz und gar nicht angetan. Die Adeligen witterten die doppelte Gefahr politischer Entmachtung und wirtschaftlicher Schwächung und waren fest entschlossen, mit aller Macht dagegen anzukämpfen. Ihre Bereitwilligkeit, dem Plan zuzustimmen, sank noch in dem Maß, in dem ihnen bewusst wurde, dass sie von der Einhebung und Verwen-

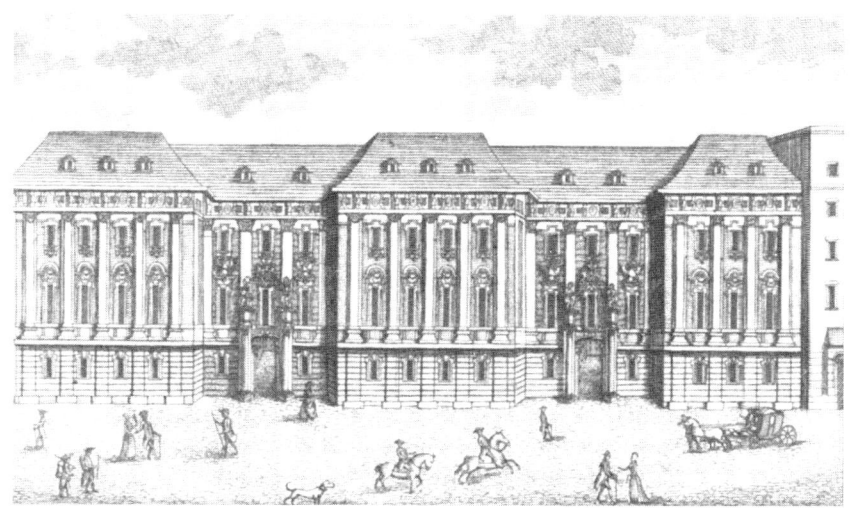

Ein Teil der „Böhmischen Hofkanzley" lag in der Wiener Wipplingerstraße.

dung dieser Gelder weitgehend ausgeschlossen werden sollten. Es half auch nicht, dass Haugwitz ihnen in Aussicht stellte, sie von den Naturalleistungen an das Militär zu entbinden, über die sie sich zuvor so oft lautstark beschwert hatten. Im Gegenteil, gerade dieser Punkt erwies sich als Bumerang: Die Stände hatten mit diesen Lieferungen, die sie von ihren Steuerleistungen in Abzug bringen konnten, gute Geschäfte gemacht. Die Verstaatlichung der Heeresversorgung bedeutete für sie also einen gewaltigen wirtschaftlichen Nachteil. Und den wollten sie partout nicht in Kauf nehmen.

Am 29. Jänner 1748 kam es in Wien zu einem hochdramatisch verlaufenden Kronrat. Maria Theresia beharrte entgegen allen Protesten auf dem von Haugwitz entwickelten „Hauptsystem". Und sie stimmte der Errichtung des „Directorium in publicis et cameralibus" zu, jener Zentralstelle, die sowohl die politische als auch die Finanzverwaltung in sich vereinigen sollte. Der Historiker Friedrich Walter: „Das brachte nicht nur dank dem Ausschluß des ständischen Einflusses auf die gesamte zentrale Verwaltung der absoluten fürstlichen Gewalt einen entscheidenden Sieg, sondern legte auch die die Länder der böhmischen Krone von den deutschen Erbländern trennende Scheidewand um, indem außer der Hofkammer und der österreichischen auch die böhmische Hofkanzlei in die neue Zentralbehörde eingebaut wurde, und schuf so den ‚Kernstaat' Österreich."[99]

Die Pläne von Haugwitz stießen auf empörten Widerstand. Bald sickerte durch, dass er allen an den Geldbeutel gehe, Armen wie Reichen. Seine Gegner formierten sich. An ihrer Spitze Graf Friedrich von Harrach, laut Podewils der „aufgeklärteste Minister am Wiener Hof, ein Mann von geschmeidigem Verstand und stets scharfem und richtigem Urteil". Harrach, der letzte Oberstkanzler der Böhmischen Hofkanzlei, entwarf einen Gegenplan zu dem von Haugwitz erarbeiteten „Hauptsystem". Er sollte zwar finanziell dasselbe Ergebnis bringen, allerdings auf genau umgekehrtem Weg: Die Länder, also die Stände, sollten die Kosten für das Militär tragen, dafür aber Einfluss auf die Verwaltung des Staates haben. Dieser Plan Harrachs barg nicht nur politischen Sprengstoff erster Klasse, er machte auch den Gegensatz zwischen den beiden Ministern deutlich: Haugwitz plädierte für die vollständige Ausschaltung des ständischen Einflusses in der Verwaltung, Harrach hingegen forderte für die Stände weitgehende Machtbefugnisse. Damit prallten zwei extreme Meinungen aufeinander, die keinen Kompromiss zuließen.

Maria Theresia stellte sich hinter Haugwitz und stürzte ihm zuliebe sogar seinen ärgsten Kontrahenten, den mächtigen Harrach. Dieser hatte hoch gepokert. Als sein Gegenplan zum „Haugwitz-System" keine Berücksichtigung fand, drohte er mit dem Austritt aus dem Ministerium. Maria Theresia aber reagierte völlig anders als erwartet. Sie fühlte sich durch seine Aktion zutiefst beleidigt. Statt ihn zu beschwichtigen und dazu zu überreden, doch in seinem Amt zu bleiben, womit er gerechnet hatte, sprach sie seine

Entlassung aus. Ohne Zorn, vornehm, aber doch unmissverständlich, wie es ihre Art war: „Gewundert hat mich nicht so viel das Billet, als ich bedaure, daß Harrach sich selbst verlieren will. Ich lasse ihm also noch 10 Tage Zeit zu dem Entschlusse, als ein getreuer Untertan seiner Frau (Herrin) zu gehorsamen oder ob er verbleiben will auf seiner Meinung. In diesem Fall weiß ich kein anderes Mittel, als daß er seine Reise nach Spa zum Vorwande nimmt, wie er mir selbst einmal angetragen." Und als Nachsatz: „Es mag aber geschehen, was immer will, ich bleibe bei meiner Resolution; wer nicht gehorsamen kann, der lasse es bleiben, allein hier und vor meinen Augen soll kein solcher mehr erscheinen."[100]

Je weiter die Umsetzung der Haugwitz'schen Reformen fortschritt, desto unruhiger wurden die Adeligen. Sie bangten um ihre Vorrechte und ihre privilegierte Stellung. Ihre einzige Hoffnung bestand darin, dass sich das „novum institutum" nicht lange halten werde. Ganz in diese Richtung ging auch die Meinung Podewils'. Er berichtete 1748 nach Preußen, Haugwitz sei auf keinen Fall von so großem Genie, um ein solches Werk, wie er es sich vorgenommen hatte, auch zu vollenden, und die Zahl seiner Feinde sei einfach zu groß, als dass er ihnen nicht am Ende doch unterliegen müsse. Haugwitz dagegen behauptete, die Basis, auf die sich das neue System stütze, sei sehr gut und fest. Am Ende würden auch jene, die sich ihm widersetzten, erkennen müssen, dass der Bauer dann weniger zahlen müsse, und dass er seine Güter genießen werde, die zuvor der Habgier des Adels und der Raublust der Soldaten zum Opfer gefallen waren. Es ist klar, dass diese beiden Stände, die durch die Neuordnung am meisten verloren, auch das meiste Geschrei machten.

Dieses Geschrei freilich wollte nicht verstummen. Vertreter des Adels machten regelrecht mobil gegen Haugwitz, „öffentlich und heimlich". Wieder einmal wurden am Wiener Hof Intrigen gesponnen und falsche Gerüchte über das neue System gestreut, was das Zeug hielt. War bisher über Haugwitz und sein karikatureskes Auftreten gewitzelt und gespottet worden, so war er jetzt regelrecht verhasst. Sogar seine eigenen Verwandten intrigierten gegen ihn. Graf Podewils meldete genüsslich nach Preußen: „Da das Haus des Grafen Haugwitz schon nachts beschädigt worden ist und das Volk mit Steinen danach geworfen hat, hat man ihm eine Leibwache von vier Kürassieren gegeben, die jede Nacht Patrouille gehen. Trotzdem läuft er Gefahr, ein Opfer der allgemeinen Unzufriedenheit zu werden. Die Minister und Großen, die zum größten Teil in höchstem Grad erbittert sind, machen gemeinsame Sache und reizen unter der Hand den Pöbel gegen ihn auf.“[101]

Aufstieg zur Macht

Beirren ließ sich Haugwitz durch solche Aktionen nicht. Er schritt auf dem von ihm als richtig erkannten Weg unaufhaltsam weiter voran. Maria Theresia gab ihm Rückendeckung. Da er, wie sie erklärte, das neue Werk mit „so viel Unerschrockenheit begonnen als durchgeführt habe ohne sich an dem Hasse zu stoßen, den er sich dadurch allgemein zugezogen“, ernannte sie ihn zum obersten Kanzler der neuen vereinigten österreichischen und böhmischen Hofkanzlei und machte ihn zum Minister des Inneren und Finanzminister in einer Person. Damit war er plötzlich der mächtigste Mann im Staat.

Wie sehr Maria Theresia Haugwitz schätzte, lässt eine Denkschrift aus dieser Zeit erahnen. Diesen Mann habe ihr die Vorsehung zum Heil ihrer Länder geschickt, schrieb sie, er habe aus Treue und Eifer für sie alles in Schlesien verlassen und in Wien üble Zeiten mit ihr ausgestanden. Sie schildert ihn als einen Mann, der ehrlich, ohne Nebenabsicht, ohne Voreingenommenheit, ohne Ehrgeiz und Anhang sei, der das Gute unterstütze, weil er es als gut erkannt

168

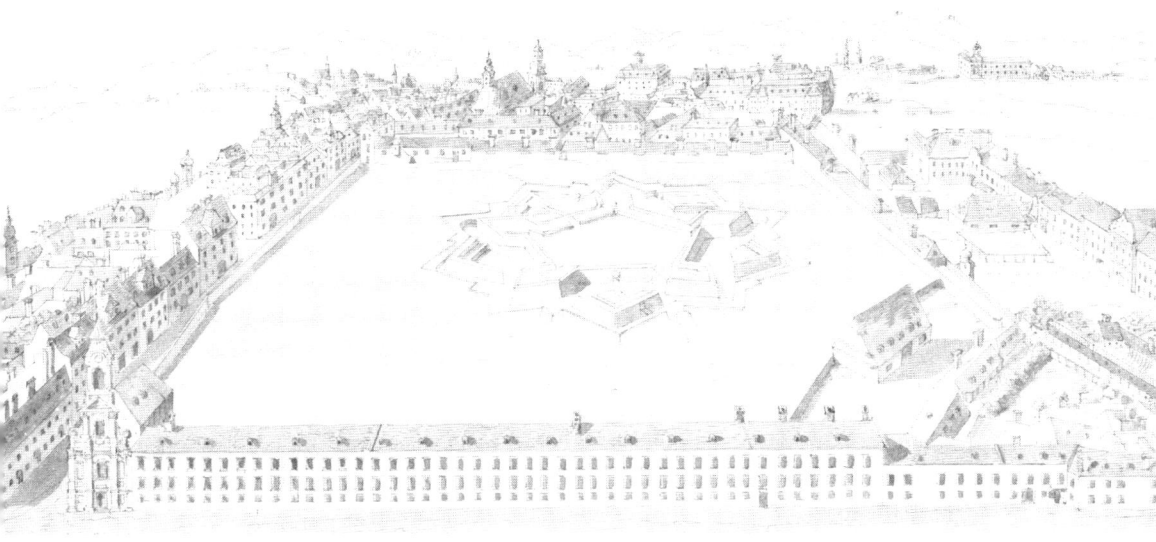

Die riesige Anlage der Wiener Stiftskaserne. Dank Haugwitz wurde das Heer gestärkt und regelmäßig besoldet.

habe, der die größte Uneigennützigkeit mit unerschütterlicher Anhänglichkeit gegenüber seinen Landesfürsten, der die umfassendste Begabung mit Freude an der Arbeit verbinde, der das Licht nicht scheue und noch weniger sich fürchte vor dem ungerechten Hass derjenigen, welche durch ihn ihre Privatinteressen gefährdet sähen. Sie habe von ihm vielen guten Rat und Ermahnungen in ihrer Unerfahrenheit bekommen und er habe ihr ihre Fehler zu erkennen gegeben, was für einen Regenten höchst nötig sei. Sie wünsche allen ihren Kindern, dass sie dergleichen finden mögen. Sogar ihren Nachfolgern empfahl sie das neue System und riet diesen, es zu hüten „wie einen Augapfel". Und das nicht ohne Grund.

Der Einführung des „Systems" waren Wochen und Monate fieberhafter Arbeit gefolgt, dann aber hatte sich der Erfolg gezeigt: Die von Haugwitz eingeführten Neuerungen erwiesen sich als nützlich und segensreich für Österreich. Die Einkünfte des Staates wurden vermehrt und die Ausgaben verringert, das Schuldenwesen geordnet, die Schuldentilgung angebahnt. Die Jurisdiktion war jetzt von der Verwaltung getrennt, für sie war die Oberste Justizstelle geschaffen worden. Es gab ein stehendes Heer, das verstärkt und regelmäßig besoldet und verpflegt wurde.

Maria Theresia war hochzufrieden. Sie dankte Haugwitz seine Verdienste mit Geschenken und einem hohen Gehalt, und dieser konnte sich bald ein wahrhaft fürstliches Leben in verschwenderischem Luxus leisten. Er bewohnte mit seiner zweiten Gattin – die erste, eine geborene Gräfin Nostitz, war schon 1736 kinderlos gestorben – Hedwig Therese, geb. Gräfin von Frankenberg, mit der er den Sohn Otto Karl hatte, ein prächtiges Palais, die „Böhmische Kanzlei", zu dessen Umbau ihm Maria Theresia 250.000 Gulden gewährte. Er kaufte in Mähren die Grafschaft Namiest (heute Náměšt') samt dem Gut Knönitz. Zudem besaß er in der Josefstadt einen als Geschenk von der Monarchin erhaltenen Garten, in dessen Erweiterung er riesige Summen investierte und in dessen Palais gelegentlich ein gewisser Joseph Haydn als Organist auftrat. Allein der Marstall in diesem Garten kostete ihn jährlich über 30.000 Gulden, er beschäftigte eine riesige Schar von Jägern, Lakaien und Bediensteten und hielt jede Menge Pferde und Hunde. Alles Dinge, die Neid und Hass unter seinen Standesgenossen und auch in der Bevölkerung schürten.

Haugwitz blieb auch davon ungerührt. Er nützte die Friedensjahre nach 1749, um sein „System" auszubauen. Nach und nach zeigte sich aber, dass er bei der Führung der bald zu einem Riesenapparat angewachsenen Verwaltung weniger Durchschlagskraft zeigte als bei deren Aufbau. Bald warfen ihm seine Gegner vor, er „manövriere in seinen Amtsverrichtungen immer ohne Ordnung und werfe alles untereinander". [102]

Die Feinde fügten sich zwar mit den Jahren in die neue Ordnung, versöhnt waren sie aber noch lange nicht mit dem Mann, der – in ihren Augen – so unverschämt nach ihren Privilegien gegriffen hatte. Sie waren zwar längst nicht mehr so laut wie zuvor, beobachteten aber jeden seiner – auch noch so kleinen – Misserfolge mit Argusaugen, schlachteten ihn aus und befeuerten damit die Kritik am Ganzen. Was Harrach nicht gelungen war, schaffte schließlich der im Weben feiner Intrigen-Netze mittlerweile zum absoluten Profi herangewachsene Kaunitz.

1756 war der Siebenjährige Krieg entbrannt, in dessen Vorfeld Kaunitz in seiner genialen Art listen- und trickreich die Koalition mit Frankreich und Russland eingefädelt hatte. Um das Jahr 1760 herum zeichnete sich immer deutlicher ab, dass das erklärte Ziel, die Rückgewinnung Schlesiens, nicht zu erreichen war. Möglicherweise, um geschickt vom eigenen Versagen und der eigenen Fehleinschätzung der Leistungsbereitschaft der Koalitionspartner abzulenken, schob der „erleuchtetste Minister der Welt", wie ihn Haugwitz ironisch-scharfzüngig nannte, die Schuld auf die angeblich von diesem verursachten Verwaltungsmängel.

Zu diesem Zeitpunkt befand sich Kaunitz bereits auf dem Höhepunkt seiner Macht. Er hatte in außenpolitischen Belangen seine Meisterschaft gezeigt, war zu höchstem Ansehen gelangt und hatte wohl auch Maria Theresias Herz gewonnen. Sein Wort und sein Rat hatten Gewicht. Ihm gelang es, Haugwitz zu stürzen. Erst ein Jahr zuvor mit dem Orden des Goldenen Vlieses ausgezeichnet, wurde dieser im Dezember 1760 seines Postens als oberster Kanzler enthoben und zum Staatsminister in inländischen Geschäften in dem von Kaunitz neu eingerichteten Staatsrat ernannt. Ein italienischer Gesandter kommentierte das Ereignis treffend: „An einem Tag fällt und erhebt er sich wieder."[103]

Oberster Kanzler wurde Kaunitz. Er übernahm viele der von Haugwitz eingeführten Neuerungen. Das „Directorium in publicis et cameralibus" wurde zur böhmisch-österreichischen Hofkanzlei und auch die von Haugwitz eingeführten Kreisämter, die dem

Landesfürsten die unmittelbare Verbindung mit den „Untertanen" sicherten, blieben bestehen. Zur Freude Maria Theresias, die eigenhändig notierte, dass „(...) nach so vielen Ausstellungen und Contradictionen doch nach reifer Ueberlegung für das Beste erkannt wurde, was durch den Eifer, die Einsicht und Activität des Grafen H. allein vor 15 Jahren geschehen; welches auch noch in übrigen Sachen wird gefunden werden."[104]

Das Vermächtnis

Das große Reformwerk von Haugwitz hatte trotz aller Höhe- und Tiefpunkte Bestand, es bildete in der Folge die staatsrechtliche Grundlage der Monarchie, im Grunde genommen bis zum Ende des Ersten Weltkriegs. Maria Theresia blieb auch seinem Schöpfer eng verbunden. Sie schätzte ihn als wichtigen Ratgeber. In seinem neuen Amt als Innenminister war er zwar weit weg von den aktuellen Ereignissen der großen Politik, sie wusste ihn in dieser Stellung aber in Bereitschaft für den Notfall. Dieser trat dann 1765 tatsächlich ein, als in der von Kaunitz eingerichteten zentralen Verwaltung massive Mängel zum Vorschein kamen. Da entschloss sie sich, Haugwitz abermals an die Spitze des Finanzwesens zu berufen. Diesem Plan aber machte der Tod einen Strich durch die Rechnung. Haugwitz erlag am 11. September 1765 auf seinen mährischen Besitzungen völlig unerwartet der Ruhr.

Maria Theresia hatte wenige Wochen zuvor in Innsbruck ihren geliebten Mann verloren. Dies war der zweite schwere Verlust, der sie innerhalb kürzester Zeit traf. Mit Haugwitz hatte sie einen Vertrauten und treuen Mitstreiter verloren, der sie über 25 Jahre begleitet hatte. Trotz allen Kummers fand sie die Kraft, mit eigener Hand einen berührenden Brief an die Witwe zu schreiben: „Er allein hat dem staat 1747 aus der confusion in eine ordnung gebracht"[105], schrieb sie. Seinem unausgesetzten Diensteifer seien alle Verbesserungen zu danken, die in der obersten Staatsverwaltung und in den einzelnen Provinzen eingeführt worden waren. Sie habe einen großen Minister und wahren Freund an ihm verloren, wie sie wohl keinen Zweiten mehr finden werde …

Leopold Joseph Graf Daun, Fürst von Thiano (heute Teano)

* 24. September 1705 in Wien
† 5. Februar 1766 in Wien

8. Kapitel
Leopold Graf Daun

Feldmarschall, Begründer der Theresianischen Militärakademie,
Maria Theresias General im Kampf gegen Friedrich II.

> *„Die Armee achtete, aber sie liebte ihn nicht;*
> *denn mitten im Lager blieb er derselbe,*
> *wie in der Antichambre, ernst, abgemessen,*
> *spähend, ein Feind des fröhlichen Muthwillens,*
> *den man dem Soldaten als Entschädigung für*
> *tausendfältiges Ungemach wohl gönnen mag …"*
>
> Der Historiker und Schriftsteller
> Joseph Freiherr von Hormayr über Daun

Es war ein 18. Juni. Irgendein 18. Juni nach dem Jahr 1757. Wie jedes Jahr griff Maria Theresia an diesem von ihr so bezeichneten „Geburtstag der Monarchie", dem Jahrestag der siegreichen Schlacht von Kolín, zu Feder und Tinte und schrieb eigenhändig an ihren „Lieben Grafen" Daun: „Unmöglich könnte ich den heutigen großen Tag vorbei gehen lassen, ohne ihme meinen gewissen herzlichsten und erkenntlichen Glückwunsch zu machen. Die Monarchie ist ihme ihre Erhaltung schuldig und ich meine Existenz und meine schöne und liebe Armee und meinen einzigen liebsten Schwagern. Dies wird mir gewiß so lange ich lebe niemalens aus meinem Herzen und Gedächtnis kommen (…). Gott erhalte ihme mir noch lange Jahre zum Nutzen des Staates, des Militaire und meiner Person als meinen besten wahrsten guten Freund, ich bin gewiß so lange ich lebe seine gnädigste Frau, Maria Theresia".[106]

Der Mann, dem Maria Theresia jedes Jahr so herzlich und innig dankte, hatte das Militärhandwerk praktisch mit der Muttermilch aufgesogen. Geboren als zweitältester Sohn des langgedienten, in späten Jahren allerdings in Ungnade gefallenen Feldmarschalls

Wirich Philipp Graf von Daun, der Seite an Seite mit Prinz Eugen siegreich in Turin gekämpft und in Wien das prachtvolle Palais Daun-Kinsky an der Freyung erbaut hatte, stand für ihn von Anfang an fest, dass er für den „Waffenstand" erzogen werden sollte. Spektakulär allerdings verliefen seine ersten Jahre im Militär nicht. Dem blutjungen Daun bot zwar der Krieg in Sizilien in den Jahren 1718-1720 Gelegenheit, Erfahrungen zu sammeln, darauf folgten aber lange Jahre des Stillstands. Und der Frustration.

In den Jahren 1734-1735 diente Daun bereits als Oberst im Infanterie-Regiment Nr. 56, der Einheit seines Vaters, in den Feldzügen in Italien und am Rhein, zu diesem Zeitpunkt war die Armee aber schon in desolatem Zustand. Längst vergangen waren die Zeiten, in denen der legendäre Prinz Eugen mit der österreichischen Armee glorreiche Siege errungen hatte. Chronischer Geldmangel und Interesselosigkeit des Kaiserhauses führten zum Niedergang. Und dieser wurde nach dem Tod des Prinzen 1736 erst recht unübersehbar. Entsprechend unglücklich verlief der Türkenkrieg 1738-1739: Belgrad ging verloren.

Auch für Daun geriet diese jüngste Auseinandersetzung mit der einst so gefürchteten osmanischen Armee zu einer schmerzlichen Niederlage. Mittlerweile zum Generalmajor und dann zum Feldmarschall-Leutnant aufgestiegen, wurde er in der Schlacht von Grocka so schwer verwundet, dass er sich später monatelang auskurieren musste. Im November 1740 war er so weit genesen, dass er das Infanterie-Regiment Nr. 59 übernehmen konnte. Im Rang eines General-Feldwachtmeisters, dem untersten Generalsrang der damaligen Armee, konnte er sich bewähren. Er schlug sich tapfer, von ruhmreichen Siegen im Feld war allerdings noch lange keine Rede. Die Helden jener Jahre waren Andreas von Khevenhüller und Otto Ferdinand von Abensperg und Traun, die allerdings beide früh verstarben, ersterer 1744, letzterer 1748.

Bei Hof hingegen waren Daun größere Erfolge beschert: Im

März 1745 führte er Maria Josepha Fuchs von Bimbach, die älteste Tochter der Gräfin Maria Karolina Fuchs, der liebsten Vertrauten Maria Theresias, zum Traualtar. Damit gelang ihm zumindest gesellschaftlich ein strategisch genialer Schachzug: Er stieg in den engsten Kreis um das Herrscherpaar auf, hatte Zutritt zu allerhöchsten Kreisen und stand in ständigem Kontakt mit der kaiserlichen Familie. Wie eng die Beziehung war, zeigte sich bald: Er nannte seine 1745 geborene Tochter nach der Regentin Maria Theresia und diese übernahm auch die Patenschaft, für seinen 1746 geborenen Sohn Franz Karl hingegen fungierte der Kaiser als Taufpate.

Optisch war Daun keine wirkliche Augenweide. Er war weder auffallend hübsch noch besonders elegant. „Seine Physiognomie war ganz unbedeutend", schreibt Hormayr. „Gleichwohl war er über die Mittelmäßigkeit weit erhaben, seinem Vaterlande und seinem Monarchen mit Gut und Blut zugethan, unbestechlich, überaus mäßig, ein kalter Verächter persönlicher Gefahr, wohlerfahren in den Künsten des Krieges und Friedens und selbst des Hoflebens, den verführerischen Spielen der Einbildungskraft ganz unzugänglich, biegsam und schlau, Kopf und Herz kalt …"[107]

Der Friede von Aachen setzte 1748 zwar den Schlusspunkt unter den Österreichischen Erbfolgekrieg, dass es gegen den „ketzerischen Philosophen von Sanssouci" aber einen weiteren Waffengang geben müsse, stand außer Zweifel. Maria Theresia betete inständig für die Vernichtung Friedrichs, den sie als „Monstrum" bezeichnete. Auch darum setzte sie alles daran, die Armee zu reformieren und zu stärken. Also betraute sie Daun mit der Aufgabe, „Militärzucht, Exercitien und Reglement durch seine weisliche, mühsame Bemühung zu perfektionieren".[108] Entschlossen ernannte sie ihn zum Vorsitzenden der Kommission, die ein neues Reglement für das „Gesamte Kaiserlich-Königliche Fuss-Volk" erstellen sollte. Daun nahm diesen Auftrag überaus ernst und stürzte sich mit größtem Eifer in die Arbeit.

Vater der Militärakademie

Eine seiner weitreichendsten Reformen betraf nicht die Armee
selbst, sondern ihren Nachwuchs. Dabei fand Daun in Maria
Theresia eine kongeniale Partnerin. Vorarbeit hatte allerdings bereits Haugwitz geleistet. Zurückgekehrt aus Krain und Kärnten
hatte er der Monarchin davon berichtet, dass sich der junge Adel
dort „aus Mangel anderer besserer éducation und occupation auf
das Jagen, Fischen und dergleichen verlege". Er halte es daher für
angebracht, „den jungen Männern die Möglichkeit zu bieten, in
einer Kadettenanstalt zu lernen, sich einer der eigenen Entwicklung wie dem Fortkommen des Staates dienlichen Beschäftigung
hinzugeben".[109]

Besser hätte Haugwitz Daun nicht in die Hände spielen können. Genau das war es, was diesem seit Langem vorgeschwebt
hatte: eine Kadettenanstalt. Maria Theresia zu überzeugen war
einfach. Sie war an militärischen Angelegenheiten immer interessiert und unterstützte Dauns Projekt finanziell großzügig. So
konnte am 11. November 1752 die „Theresianische Militärakademie" im heutigen Wiener Neustadt ihren Betrieb aufnehmen. 200
Kadetten bezogen Quartier in der alten Burg, die auch heute noch
als Kaderschmiede des Bundesheeres dient. Ausgesucht hatte sie
Maria Theresia höchstpersönlich, die eine Hälfte bestand aus Söhnen wenig begüterter Adeliger, die andere aus Söhnen verdienter
Offiziere. Um den Nachwuchs zu sichern, gründete Maria Theresia
zugleich in Wien eine „militärische Pflanzschule", in die hundert
Söhne mitteloser Offiziere im Alter zwischen sieben und dreizehn
Jahren aufgenommen wurden.

Maria Theresia ging aber noch einen Schritt weiter: Sie setzte
eine Kommission ein, die unter der Leitung von Karl von Lothringen
Möglichkeiten erarbeiten sollte, wie der Offiziersberuf durch besondere Privilegien und Ehrenzeichen attraktiver gemacht werden

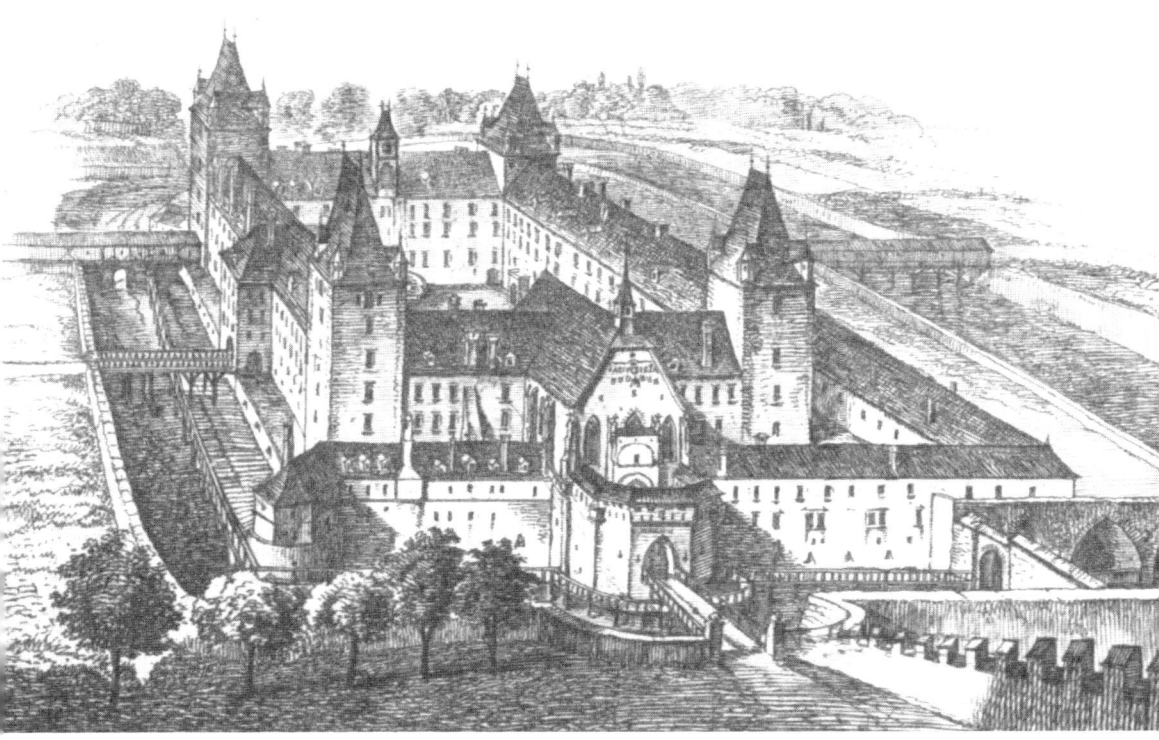

Die Burg in Wiener Neustadt, in der sich bis heute die Theresianische Militärakademie befindet.

könnte. Dazu trug auch sie ihr Teil bei: Sie ließ – trotz massiver Unmutsäußerungen des Hochadels – Offiziere in Uniform bei Hof zu, machte den Stand hoffähig und begann, Offiziere zu nobilitieren. Damit schuf sie die Basis für den Militäradel, der später zu einer der Stützen der Monarchie werden sollte.

Der Erfolg der Reformen blieb nicht aus. Innerhalb kurzer Zeit stand die österreichische Armee, sämtliche Infanterie- und Kavallerie-Regimenter, auf einer soliden Basis, und zwar in jeder Hinsicht: Uniformierung und Haartracht waren einheitlich, die Bewaffnung vom Säbel bis zum Geschütz war standardisiert, bei den Infanteriegewehren wurden die alten hölzernen Ladestöcke durch

179

eiserne ersetzt. Exerziert wurde überall gleich, geschossen wurde auf preußische Pappkameraden, auf dem Exerzierfeld marschierte jede Truppe in derselben Ordnung und im selben Tempo. Jeder einzelne Soldat hatte seinen bestimmten Platz in der Schlacht-ordnung und rückte gezielt und geleitet vom Führerstand aus vor. Für sämtliche Regimenter wurden mehrwöchige, möglichst kriegs-mäßige Feldlager für Truppenübungen eingeführt. Zufall oder Schicksal: Das Infanterie-Regiment „Graf Leopold Daun" führte zwischen 1752 und 1754 dreimal in der Umgebung von Kolín Manöver durch!

Maria Theresia war von den Neuerungen höchst angetan. Sie inspizierte ihre Truppen höchstpersönlich, nahm die Uniformen in Augenschein, die ihr nicht schneidig genug sein konnten, und kontrollierte – ganz die Monarchin, die den Wert guten Essens zu schätzen wusste – sogar die Feldbäckerei. Das Ergebnis: Sie zollte Daun höchste Achtung, indem sie ihm attestierte, die Truppen seien nie zuvor „in einer solchen guten Ordnung exerziert, ansehn-lich, mithin von vorteilhaftem guten Stand gewesen".[110]

Während Maria Theresia angesichts der reformierten Armee zuversichtlich in die Zukunft blickte und sie auch für den Fall eines neuerlichen Krieges gerüstet sah, „wenn nur das Ober-haupt, so sie kommandiert, und die unter ihm stehenden Anfüh-rer sie wohl dirigiere", bekam auch die Gegenseite die Neuord-nung bald schmerzlich zu spüren. Friedrich II. hatte durch seine Spione von der geplanten Allianz zwischen Österreich, Russland, Frankreich und Sachsen erfahren. Im September 1756 marschier-ten seine Truppen in Dresden ein, am 1. Oktober errangen sie in der Schlacht bei Lobositz (heute Lovosice) einen knappen Sieg. Friedrich musste erkennen, dass er es jetzt mit einem ganz anderen Gegner zu tun hatte als zuvor. Erstaunt meldete er nach Berlin: „Es waren nicht mehr die alten Österreicher, die ich vor Lobositz fand".

Zu diesem Zeitpunkt war der Siebenjährige Krieg bereits entbrannt. Für Maria Theresia ging es nur um eines. Der Historiker Gerhard Herm: „Schlesien, die verlorene Provinz, wollte sie zurückhaben, auslöschen die Schmach, die dem Haus Habsburg widerfahren war, als man ein Glied von seinem lebenden Leib abtrennte."[111]

Das Kriegsglück schien vorerst aufseiten der Preußen zu sein. Anfang Mai 1757 wurde Karl von Lothringen in der höchst verlustreichen Schlacht von Prag schwer geschlagen. Er musste sich mit dem Großteil der Armee nach Prag zurückziehen und Friedrich II. gelang es, einen eisernen Ring um die Stadt zu legen. Schon hoffte der Preußenkönig, ihn zur Kapitulation zwingen und, hätte er Prag einmal eingenommen, ins Herz der Monarchie marschieren zu können. „Friede unter den Wallen von Wien!", lautete sein Tagesbefehl. Ein Plan, der auf dramatische Weise realisierbar schien – wäre da nicht Daun gewesen.

Daun war mit einer anfangs kleinen Truppenmacht aus Mähren ins nordwestliche Böhmen marschiert. Wo immer es möglich war, hatte er verfügbare Truppen aufgenommen. Innerhalb von sechs Wochen war es ihm gelungen, eine schlagkräftige Armee aufzustellen. Die Stimmung allerdings war nicht nur euphorisch. Hormayr schreibt dazu: „Die Armee achtete, aber sie liebte ihn nicht; denn mitten im Lager blieb er derselbe, wie in der Antichambre, ernst, abgemessen, spähend, ein Feind des fröhlichen Muthwillens, den man dem Soldaten als Entschädigung für tausendfältiges Ungemach wohl gönnen mag und der nicht selten mit dem Geiste eines Heeres zugleich steht und zugleich fällt."[112]

Während Maria Theresia in Wien schlaflose Nächte verbrachte und um das Schicksal Prags und ihres geliebten Schwagers bangte, zeigte Daun jedoch keine Eile. Überstürzte Aktionen waren nicht die Sache des bedächtigen Generalfeldmarschalls. Er bewegte sich langsam und zögerlich vorwärts. Schon verhöhnten ihn Spötter in Wien als den deutschen Fabius Cunctator. In Böhmisch-Brod blieb

Karl von Lothringen, Maria Theresias über alles geliebter Schwager. Ihm das
Oberkommando über die Armee zu übertragen, erwies sich im Siebenjährigen
Krieg als fataler Fehler.

er schließlich überhaupt stehen. Einer seiner häufigen Gichtanfälle
plagte ihn und setzte ihn im wahrsten Sinne des Wortes außer Ge-
fecht. Erst, als ihm Maria Theresia ausdrücklich Befehl erteilte, für
die Befreiung Karls von Lothringen alles nur Erdenkliche zu wagen, setzte er sich endlich in Bewegung.

Der Held von Kolín

Friedrich zog seine Truppen von der belagerten Stadt ab und marschierte Daun entgegen. Am 18. Juni 1757 standen sich die beiden Heere bei Kolín gegenüber: 36.000 Preußen gegen 57.000 Österreicher. „Die Kanonen wurden abgeprotzt, die Gewehre aufgenommen, die Säbel entblößt, das Treffen formiert, und dann erschallte von allen Seiten her das Donnerwort ‚Marsch, Marsch!‘", beschrieb ein preußischer Leutnant namens Prittwitz die Schlacht. „Nachdem solches geschehen, ging es unter Trommelschlag und Musik im starken Tritt gerade auf den Feind los."[113]

Friedrich versuchte vergeblich, Daun zum Verlassen seiner vorteilhaft auf Höhenrücken gewählten Stellungen zu bewegen. Auch sein Versuch, den rechten Flügel der verschanzten Österreicher zu umgehen und so ihre ganze Schlachtordnung aufzurollen, misslang. In Kolín war dem „starken Tritt" der Preußen kein Erfolg vergönnt. In der Frontalschlacht, die Friedrich schließlich in maßloser Überschätzung seiner Kräfte wagte, kam Dauns Kriegskunst zum Tragen. Er erteilte seine Befehle deutlich und ordentlich, nahm seinen Vorteil wahr, ließ seine überlegene Artillerie das Zentrum des Feindes stürmen und zwang Friedrich schließlich dazu, den Kampf abzubrechen.

Kolín war die erste Niederlage der Preußen nach acht siegreichen Schlachten: Ein Schock für Friedrich. Und ein Verlust mit Folgen. Friedrich gab die Belagerung von Prag auf und zog sich nach Nordböhmen zurück. Böhmen war frei!

Der reitende Bote, der in den frühen Morgenstunden des 20. Juni durch die Tore der Hofburg galoppierte, um Maria Theresia die glückliche Nachricht zu bringen, traf die Monarchin „noch in ihren Nachtkleidern" an. Zeit, sich anzukleiden, nahm sie sich nicht. Mit Tränen in den Augen nahm sie die Glückwünsche ihrer nächsten Umgebung an.

Maria Theresias Dankbarkeit für den siegreichen Feldherrn war grenzenlos. Sie feierte ihn in ihrem Überschwang als den Retter der Monarchie und den neuen Prinzen Eugen. In einem Handschreiben überschüttete sie ihn mit Lob und zeigte angesichts der zwei kleinen Verwundungen, die er davongetragen hatte – es waren ein Prellschuss am Arm und eine Kontusion am Rückgrat –, Sorge und innige Herzlichkeit: Er habe nur einen Hauptfehler begangen, er habe sich zu sehr der Gefahr ausgesetzt und habe nicht bedacht, wie viel ihr selbst und ihren Ländern an seiner Erhaltung gelegen sei.

Als Zeichen ihrer Achtung verlieh sie ihm als Erstem das Großkreuz des neu gestifteten Militär-Maria-Theresien-Ordens. Seinem Sohn schenkte sie eine vergoldete silberne Tasse, in die eine Karte von Böhmen eingraviert war, dazu schöne Worte, die ausdrückten, jedes Mal, wenn der Sohn diese Tasse ansehe, solle er daran denken, dass sein Vater die Monarchie gerettet habe.

Höchsten Respekt zollte Daun und der österreichischen Armee auch der Preußenkönig Friedrich der Große, der immerhin als der „Kriegsmeister des 18. Jahrhunderts" in die Geschichte einging. Er schrieb 1758 an Fouquet, noch kein Feldherr habe „seiner Armee ein so schreckbares Ansehen zu geben gewusst, welche überdies noch Tücken und Hinterlist im Busen trägt. Die Österreicher arbeiten jetzt nach den sichersten Grundsätzen, ihre Taktik steckt voll Kunst. Die geschickte Art Lager zu schlagen ist ihnen eigen. (…) Sie haben treffliche Eintheilungen bei ihren Truppen und erfahrene Anführer. Kurz an Menge und Tapferkeit kommen sie uns [den Preußen] am nächsten (…)."[114]

Nach dem gloriosen Sieg von Kolín feierte die Bevölkerung Daun in Wien enthusiastisch. Erschien er bei Hof, wurde er „mit ausnehmenden Distinctionen auf das allergnädigste empfangen". Trotzdem bestand seine größte Angst darin, das Vertrauen des Kaiserpaars zu enttäuschen und seine bisher errungenen Siege durch waghalsige Operationen wieder zunichtezumachen. Der auch wei-

184

18. Juni 1757: In der Schlacht von Kolín fügte Feldmarschall Daun Friedrich II. die erste schwere Niederlage im Siebenjährigen Krieg zu.

terhin von heftigen Gichtanfällen geplagte Feldmarschall machte es sich zur Gewohnheit, Maria Theresia mindestens einmal pro Tag zu schreiben – allerdings nur, wenn er Erfreuliches zu melden hatte. Unerfreuliches oder kritische Äußerungen teilte er ihrem Sekretär mit, und dieser hatte es dann indirekt weiterzugeben.

Bei aller Wertschätzung Dauns konnte sich Maria Theresia nicht dazu entschließen, ihm den Oberbefehl über die kaiserlichen Streitkräfte zu übertragen. Es waren wohl dynastische Überlegungen, die sie dazu bewogen, damit abermals ihren Schwager Karl von Lothringen, den das Volk schon als „Maria Theresias geliebten Schlachtenverlierer" verspottete, zu betrauen. Erst als dieser im Dezember 1757 bei Leuthen eine schwere Niederlage verschuldete, Maria Theresia ob der schlechten Nachricht in Tränen ausbrach und kaum zu trösten war, und auch breite Schichten der Bevölkerung immer lauter Kritik an der Heeresleitung übten, entschloss sie sich dazu, Karl von Lothringen durch Daun zu ersetzen.

Tatsächlich sollte Daun seine Monarchin fürs Erste nicht enttäuschen. Bald aber spitzte sich die Lage zu. Friedrich zog vor Olmütz und belagerte die dortige Festung. Die Gefahr war immens. Fiel die Festung, war der Weg für die Preußen frei nach Wien. Bei Hof wurde indes für die Sommerferien in Laxenburg gepackt. „Nimm etwas mehr mit", soll Maria Theresia ihre Kammerfrau angewiesen haben, denn sie machte sich auf einen längeren Aufenthalt außerhalb Wiens gefasst. In dieser prekären Situation gelang dem kühnen General Gideon Laudon ein Coup erster Güte: Er kaperte bei Domstadl einen großen Versorgungstransport der Preußen. Auch Daun bewährte sich. Durch geschicktes Manövrieren und Blockieren der preußischen Kommunikationen gelang es ihm im Juli 1758, Friedrich zur Aufgabe der Belagerung zu zwingen.

So erfreulich diese Entwicklung war, Daun wusste sie nicht zu nützen. Im weiteren Verlauf des Krieges kamen seine Bedächtigkeit, seine Unentschlossenheit und vermeintliche Passivität immer stärker zum Tragen. Darunter hatten besonders die verbündeten Russen zu leiden, bei ihnen machte sich zuerst Ärger breit, dass er ihren erfolgreichen Vorstoß an die Oder strategisch nicht nützte, aus dem anfänglichen Groll wurde Misstrauen und schließlich regelrechter Hass. Da half es auch nicht, dass es Daun gelang, die Preußen bei Hochkirch in einem Überraschungsangriff zu schlagen. Denn auch dieser spektakuläre Sieg, der „auf einmahl wieder alle Gemüther aufgerichtet" und, wie Khevenhüller notierte, „denen Critiquen die Mäuller gestopffet" hatte, verpuffte ungenützt: Um seinen Sieg nicht zu gefährden, blieb Daun in den eroberten preußischen Stellungen stehen, statt die Preußen zu verfolgen. Friedrich durfte sich freuen. „Daun hat uns aus dem Schach gelassen", äußerte er trocken, „das Spiel ist nicht verloren".[115]

186

Daun, der Zögerer

Daun, die „dicke Exzellenz von Kolín", wie ihn Friedrich spöttisch nannte, verabsäumte es auch im folgenden Sommer, nach dem großen, gemeinsam mit den Russen errungenen Sieg bei Kunersdorf forsch nach Berlin zu marschieren. In den Augen der Verbündeten Österreichs rettete diese Unterlassung Dauns die Hohenzollernmonarchie vor dem Untergang. Daun errang zwar durch die Erzwingung der Kapitulation des preußischen Korps Finck bei Maxen einen dritten großen Sieg über die Preußen, auch der war jedoch für diese wohl größte verpasste Chance des Krieges nur ein schwacher Ersatz.

In den folgenden Monaten wurde die Kritik am allzu bedächtig und unentschlossen agierenden Feldmarschall immer lauter. Daun blieb dies wohl nicht verborgen. Er bot Maria Theresia seinen Rücktritt an. Dieser aber war bewusst, dass er trotz all seiner Schwächen kaum zu ersetzen war. Also ließ sie nichts unversucht, um ihn umzustimmen. Sie schickte Haugwitz vor, dieser packte ihn bei seiner Soldatenehre und versicherte, die Monarchin habe mit Tränen in den Augen ihren Wunsch ausgesprochen, er möge dem Staat und ihr weiterhin so unvergessliche Dienste leisten wie bisher. Um ihre Bitte noch zu untermauern, widmete sie ihrem „pretiosesten wahren Haus-Schatz" Daun und seiner Familie zusätzlich 250.000 Gulden – eine wirklich stattliche Summe. Das wirkte. Daun sagte zu, das Oberkommando weiter auszuüben. Aus Freude über diese gute Nachricht schickte die fürsorgliche Maria Theresia ihm sogar ihren Kammerheizer mit auf die Reise ins Hauptquartier.

All das änderte jedoch nichts an der Tatsache, dass sich die Stimmung gegen Daun weiterhin dramatisch verschlechterte. Er hatte zwar Siege errungen, die aber nicht die lange erhoffte positive Wende im Krieg bewirkt hatten. Das Fass zum Überlaufen brachte schließlich die vernichtende Niederlage bei Liegnitz (heute poln.

Legnica) am 15. August 1760. Nach dieser tauchte nämlich der Verdacht auf, Daun habe den aufgehenden Stern am Feldherrenhimmel, den bei den Soldaten ebenso wie beim Volk beliebten Laudon, dessen Aufstieg er eifersüchtig beobachtete, absichtlich nicht durch die Hauptarmee unterstützt, sodass dieser Friedrichs Armee unterliegen musste.

Bald überschlugen sich die schlechten Nachrichten. Am 3. November 1760 hatte die kaiserliche Hauptarmee den Preußen bei Torgau schwere Verluste zugefügt. Bei Einbruch der Nacht schien die Schlacht geschlagen, da gelang es den Preußen, auf die Süptitzer Höhen vorzudringen und das Kriegsglück zu wenden. Daun hatte eine Schussverletzung in seiner rechten Wade erlitten und war vom Schlachtfeld getragen worden, die ernüchternde Nachricht von der Niederlage erreichte ihn am Krankenbett.

Nach Torgau verlangten sogar die verbündeten Franzosen die Ablöse Dauns. Als sein Nachfolger wurde Franz Moritz von Lacy gehandelt, der sich bei Hochkirch, beim „Finckenfang von Maxen" und bei der Besetzung Berlins 1760 einen Namen gemacht hatte. Immer öfter und immer lauter wurde aber auch der Name Laudons genannt. Dieser war dank seines Wagemuts, seiner Kühnheit und Entschlossenheit zu einer Art Volksheld aufgestiegen. Trotz allem: Daun verblieb Oberbefehlshaber des Heeres. Der Krieg trat in eine Phase allgemeiner Erschöpfung und endete schließlich mit dem Frieden von Hubertusburg.

Daun hatte noch während des letzten Feldzugs das Amt des Hofkriegspräsidenten angetreten. In diesem Amt verblieb er nach dem Friedensschluss von 1763 noch drei Jahre. Seine Erfahrungen aus insgesamt sieben Feldzügen nützte er, ganz zur Freude Josephs II., für maßgebliche Verbesserungen im Heer.

Daun starb unerwartet früh im Jahr 1766, ein Jahr nach Haugwitz. Was zu seinem Tod geführt hat, ist nicht bekannt, vermutet wird, dass die Verletzungen, die er vor Belgrad, in Hohenfriedberg, bei Leuthen, Kolín und zuletzt in Torgau erlitten hatte, sowie seine schwere Gicht eine Rolle gespielt haben. Sein Tod war ein schwerer Schlag für Maria Theresia. Sie klagte: „Gott hat mir die beiden Personen genommen, welche mit Recht mein ganzes Vertrauen besaßen, Haugwitz und Daun. Beide waren fromme Christen und voll Eifer und Anhänglichkeit, welche mir rund heraus die Wahrheit sagten und denen ich rückhaltlos mein Herz öffnen konnte."[116]

Gideon Ernst Freiherr von Laudon

* 13. Februar 1717 auf Gut Tootzen bei Laudohn (heute Ļaudona, Lettland)
† 14. Juli 1790 in Neutitschein (heute Nový Jičín, Tschechien)

9. Kapitel
Gideon von Laudon

Feldmarschall, umjubelter Volksheld und schwermütiger Grübler

„Er ist nicht groß von Person, aber wohl gewachsen,
hager, aber weniger als ich, und hat
nachsinnende, tief im Kopf eingeschlossene,
lichtgraue Augen oder wohl auch bräunliche, fast wie ich …"

Der Dichter Christian Fürchtegott Gellert
über Laudon, Karlsbad, 1763

„Fix Laudon!" Es war Maria Theresia, die ihrem Entsetzen und ihrem Abscheu über die infamen Übergriffe des Preußenkönigs Friedrich II. mit diesem Ausruf Luft machte. Der Aufschrei wurde bald zum geflügelten Wort, und wer immer sich auch heute noch über irgendetwas gründlich ärgert, zieht die Augenbrauen zusammen und zischt: „Fix Laudon!"

Der Namensgeber des berühmten „Fluchs" stammt aus Livland, dem Dünenland am Rigaischen Meerbusen. Er kam als zweiter Sohn des adeligen Oberstleutnants Otto Gerhard Loudon zur Welt, dessen familiäre Wurzeln bis weit ins Mittelalter zurückreichen und der lange in der schwedischen Armee gedient hatte. Über die Kinderzeit des späteren Generals gibt es kaum Informationen. Dass es harte und trostlose Jahre waren, steht aber fest: In Livland hatte die Pest nahezu die Hälfte der ohnehin spärlichen Bevölkerung dahingerafft. Der Nordische Krieg (1700-1721), in dem Russland und seine Verbündeten gegen Schweden um die Vorherrschaft im Ostseeraum kämpften, hatte das Land vollkommen verwüstet. Es gab kaum noch Straßen, Städte lagen in Schutt und Asche, Kirchen waren niedergebrannt, die Bauern hatten weder Vieh noch Saatgut, von Schulen war keine Rede. Die Menschen irrten frierend und hungernd umher, Bürger und Angehörige des niederen Adels waren zu Bettlern geworden.

Eine Erziehung im Sinne von geregeltem Unterricht wurde weder Gideon, noch seinem um drei Jahre älteren Bruder Johann Reinhold und seiner um sechs Jahre jüngeren Schwester zuteil. Dieses Manko wurde Laudon[117] später am Wiener Hof schmerzlich bewusst, vor allem, weil er nur mangelhaft Deutsch und Französisch sprach. Livland war zuletzt Teil des Russischen Reiches geworden, daher war ihm Russisch geläufiger, das aber beherrschten in Wien nur die wenigsten. An der beruflichen Zukunft des jungen Gideon gab es nie Zweifel. Der Militärdienst war seine einzige Chance.

Schon im zarten Alter von 15 Jahren trat Laudon in das russische Infanterie-Regiment Pleskau ein. Bald lernte er das Kriegshandwerk in all seiner Härte kennen, denn 1733 brach der Polnische Erbfolgekrieg aus. Das Regiment marschierte über Litauen in Richtung Warschau. Die Offiziere waren beritten, Kadett Laudon aber legte wochenlange Fußmärsche zurück, den schweren Tornister am Rücken, ohne warme Bekleidung, von festem Schuhwerk ganz zu schweigen. Und im Winter gab es kaum Schutz vor Kälte und Nässe beim Biwakieren.

1733 nahm Laudon an der Eroberung von Danzig teil. Umgeben von Kanonendonner und Pulverschmauch, Trommelwirbeln und Fanfarenstößen erlebte er zum ersten Mal, wie rücksichtslos Generäle ihre Truppen in den Kampf trieben. Wie sie die Offiziere dazu anhielten, ungedeckt voranzustürmen, um ihre Soldaten zum Angriff mitzureißen. Ein grausames, ein blutiges Spiel, das seinen Tribut forderte. Bei einem Angriff wurden sämtliche Offiziere in Laudons Kompanie getötet oder schwer verwundet. Der kleine Kadett musste das Kommando übernehmen. Er machte seine Aufgabe gut. Auf Beförderung aber wartete er vergebens. Es kam noch schlimmer. Der mitten im Winter geführte Kampf um Danzig dezimierte die russischen Truppen drastisch. Auch Laudon erkrankte schwer. Er lag monatelang krank darnieder. In Lazaretten, deren Zustände heute kaum vorstellbar sind.

Als junger Soldat im Dienste Russlands

Als Russland 1735 Soldaten an den Rhein schickte, um mit den kaiserlichen Truppen gegen Frankreich zu kämpfen, das Lothringen besetzt hatte, war Laudon wieder dabei. Jetzt lernte er Prinz Eugens Taktik des Manövrierens und Taktierens kennen, das Hin-und-her-Schieben von Truppen, das Vermeiden einer entscheidenden Schlacht: Eine Art der Kriegführung, die dem Livländer ganz und gar nicht lag, mit der er aber später immer wieder konfrontiert werden sollte. 1735 endete der Polnische Erbfolgekrieg, es kam zum Vorfrieden von Wien. August III. wurde als König von Polen bestätigt, Stanislaus Leszczyński, Schwiegervater Ludwigs XV., erhielt die Herzogtümer Lothringen und Bar und Franz Stephan von Lothringen die Anwartschaft auf die Toskana.

Dem russischen Heer brachte dieser Friedensschluss keine Atempause. Im Süden des Landes, am Schwarzen Meer, war der 7. Russisch-Österreichische Türkenkrieg entbrannt. Russland zog seine Truppen hastig aus Westeuropa ab. In Eilmärschen ging es zu den brennenden Steppen am Dnjepr. Laudon kämpfte drei Jahre lang gegen die Türken, war bei der Belagerung von Asow dabei, bei der Eroberung von Otschakow und Stawutschane. 1739 endete dieser Krieg, Russland und die Pforte schlossen Frieden.

Laudon hatte zu diesem Zeitpunkt bereits zehn Jahre in der russischen Armee gedient. Zehn Jahre der Überanstrengung, des Hungers, der mangelhaften Ausrüstung und der Gefahr lagen hinter ihm. Von Aufstieg trotz allem keine Rede. Er hatte es lediglich zum Oberleutnant gebracht. Jetzt galt es, Weichen für die Zukunft zu stellen. Als Erstes begab er sich nach Sankt Petersburg und suchte um Beförderung an – sie wurde ihm nicht gewährt. Enttäuscht kehrte Laudon zu seinem Pleskauer Regiment zurück, nahm Abschied von der russischen Armee und begab sich nach Livland, auf das kleine Familiengut Tootzen, das seit dem Tod des Vaters sein Bruder bewirtschaftete.

Zu Hause in Livland schmiedete er weitere Pläne. Eine Option war, als Offizier in die schwedische Armee einzutreten. In Stockholm lebte ein Onkel Laudons als Oberst, er bot seine Hilfe an. Auf der Reise von Riga nach Stockholm wurde Laudon jedoch dermaßen heftig von Seekrankheit befallen, dass er sich nach seiner Ankunft tagelang nicht erholen konnte. Und dann war er, wie einer seiner Biografen notierte, „ganz den schwedischen Waffen abgeneigt, auf keine Weise hiezu zu bewegen".[118]

Der Aufenthalt in Sankt Petersburg erwies sich im Nachhinein dennoch als schicksalhaft. In der Zarenresidenz hatte Laudon Elias von Hochstätter kennengelernt, einen gebürtigen Elsässer, der lange in Wien gelebt hatte. Er war Kindererzieher im Hause des Freiherrn Binder von Krieglstein gewesen, einer hinter den Kulissen überaus einflussreichen Persönlichkeit, die mit Kaunitz in engem Kontakt stand. Zu Hochstätter fühlte sich der stille und zurückhaltende Laudon hingezogen, mit ihm entwickelte er im Laufe der Zeit eine enge Freundschaft. Dieser riet ihm, Maria Theresia seine Dienste anzubieten, die, nach dem Tod Kaiser Karls VI. von den einstigen Garanten der Pragmatischen Sanktion verraten, nun von allen Seiten bedroht wurde. Und tatsächlich machte sich Laudon, mit zahlreichen Empfehlungsbriefen ausgestattet, auf den Weg nach Wien. In Berlin aber traf er frühere Kameraden, und die wiederum rieten ihm, in preußische Dienste zu treten.

Laudon wagte den Versuch. Die preußische Armee respektierte er, und Friedrichs revolutionär neue Art der Kriegführung und seine Entschlossenheit zu schnellen Entscheidungen beeindruckten ihn. Er wusste zudem, dass in Preußen Mangel an Offizieren

194

herrschte, dass Friedrich sogar ausländische Bewerber mit offenen Armen aufnahm und dass er auch für ihre Ausbildung sorgte. Gute Gründe für Laudon, um Audienz bei Friedrich II. anzusuchen. Er musste lange warten. Monate. Dann endlich stand er dem Preußenkönig gegenüber. Was genau in dieser Audienz gesprochen wurde, ist nicht überliefert. Legende oder Wahrheit, Friedrich soll Laudon lang mit seinem scharfen Blick gemustert haben. Dann sagte er zu seinen Offizieren: „Die Physiognomie dieses Mannes passt mir nicht!"[119]

Glück für Österreich: Wie einst Prinz Eugen, der von König Ludwig XIV. in Paris abgewiesen worden war, zog auch der in Berlin abgewiesene Laudon weiter nach Wien – und versuchte sein Glück bei Maria Theresia. Auch um die dortige erste Audienz rankt sich eine Legende. Laudon soll gemeinsam mit zwei Kameraden, Feldzeugmeister Methesen und Baron Rosen, vor die Regentin getreten sein, um von ihr ein Offizierspatent zu erhalten. Maria Theresia, „eine Freundin von schönen Männern", deutete auf Rosen und Methesen: „Dich und Dich nehme ich, diesen" – Laudon – „nicht!" Darauf Methesen: Sie seien Kriegsgefährten gewesen, daher müsse sie entweder alle drei nehmen oder keinen. Maria Theresia stutzte, und alle drei erhielten ihr Offizierspatent.[120]

Hauptmann im Panduren-Korps

Maria Theresia befand sich zu diesem Zeitpunkt in einer verzweifelten Lage. Von allen Seiten bedrängt, sah sie sich mit der Notwendigkeit konfrontiert, innerhalb kürzester Zeit ein schlagkräftiges Heer auf die Beine zu stellen. Franz von der Trenck bot ihr seine Dienste an. Ihm eilte ein schrecklicher Ruf voraus: ausschweifendes Leben, Streitlust, Insubordination in russischen Diensten, die ihm sogar eine mehrmonatige Festungshaft eingetragen hatte. Maria Theresia sah über all das gnädig hinweg und erteilte ihm die Erlaubnis, in seiner Heimat Slawonien auf eigene Kosten ein Korps von 1000 Panduren auszurüsten und nach Schlesien zu führen. Sie räumte ihm sogar ausdrücklich das Recht ein, die beim Feind gemachte Beute zu behalten – Kriegskassen, Artillerie und Munition ausgenommen. Allein das ermöglichte Trenck die Anwerbung von Soldaten in Slawonien, wo ohnehin etwas andere Gesetze herrschten. Die Aussicht auf reiche Beute trieb ihm die Männer, hauptsächlich Leibeigene von seinen eigenen Gütern, scharenweise zu, und so gelang es ihm, rasch sein Panduren-Korps zusammenzustellen, in dem es von Räubern, Dieben und Gewalttätern nur so wimmelte.

Das Trenck'sche Korps wurde vorerst nach Schlesien beordert, es war bald wegen seines wüsten Treibens gefürchtet. Die Panduren eigneten sich besonders für den sogenannten „Kleinen Krieg", für das Ausspionieren des Gegners und Überfälle auf Dörfer. Alles optimale Gelegenheiten, um Beute zu machen. Auch, wenn es dabei galt, Häuser anzuzünden oder Menschen, die ihr Eigentum zu verteidigen suchten, blindlings zu ermorden.

Im Frühjahr 1744 hielt sich Trenck in Wien auf. Laudon kannte ihn aus dem Türkenkrieg, als beide noch in russischen Diensten gestanden hatten. Er bewarb sich bei ihm und Trenck nahm ihn als Hauptmann in sein Panduren-Korps auf.

Mit diesem zog Laudon im Juni nach Bayern, war maßgeblich daran beteiligt, die Franzosen über den Rhein zurückzutreiben und zu verfolgen. Als er sich bereits auf französischem Boden befand, erlitt Laudon Anfang Juli eine schwere Verletzung und geriet in französische Gefangenschaft. Bei einem nächtlichen Kampf traf ihn eine Kugel in der Brust. Sie durchdrang seinen Körper vollends und trat hinten beim linken Schulterblatt wieder aus. Das wirklich Gefährliche aber war, dass sie ihm auch einen metallenen Knopf seiner Uniform in den Körper getrieben hatte. Es gelang französischen Chirurgen, den Knopf zu entfernen, und bald ging auch

Laudons Gefangenschaft zu Ende: Die Panduren streiften schon wenige Tage später durch das Dorf, befreiten ihren Hauptmann und verschonten den Bauern, der den Verletzten aufgenommen hatte, zum Dank vor Plünderung.

Der Erfolg der kaiserlichen Armee im Elsass wurde bald getrübt: Friedrich marschierte in Böhmen ein. Jetzt galt es, den Vormarsch einzustellen und in Eilmärschen den Preußen entgegenzuziehen. Das Trenck'sche Panduren-Korps wurde im März 1745 per Dekret in ein reguläres slawonisches Infanterieregiment umgewandelt, sein Kommandant blieb Oberst Trenck. Für Laudon aber wurde die Situation im Regiment des beutegierigen, wüst agierenden Trenck bald unerträglich. Er quittierte seinen Dienst am 5. Oktober 1745 freiwillig. Die Zustände aber behielt er nicht für sich. Er verbreitete sie entrüstet in Wien, und zwar offenbar so lautstark, dass der Hofkriegsrat ihm Weisung erteilte, er habe sich „gegen Oberst Trenck von allen Beleidigungen, es sey durch anzügliche Reden oder andere unerlaubte Tätigkeiten bei unausbleiblicher Strafe zu enthalten."[121]

Laudon ließ sich nicht zum Schweigen bringen. Trenck forderte ihn nach einem heftigen Streit im Theater sogar zum Duell. Dazu kam es aber nicht, denn Trenck wurde verhaftet. Maria Theresia hatte der Forderung Laudons und dreier weiterer Offiziere nachgegeben, die Vorwürfe wie Verkauf von Offizierschargen, Prügel ohne Kriegsrecht, Unterschleif bei Abrechnungen, Exzesse, Erpressung von Geld und so weiter in einem ordentlichen Verfahren nach dem Kriegsrecht zu klären. Für Laudon bedeutete dies, dass er in Wien zu bleiben hatte, um gegen Trenck auszusagen. In dieser Zeit lebte er in Wien in kümmerlichen Verhältnissen, hatte keinerlei Einkünfte und war auf Zuwendungen seines Bruders angewiesen.

Das Verfahren gegen Trenck zog sich in die Länge. Das Gericht verhandelte über ein Jahr. Schließlich hatte sich Laudon selbst gegen Vorwürfe Trencks zu verteidigen, konnte aber nachweisen,

Feldmarschall Gideon Laudon: seine ersten Erfolge kamen erst nach harten
Jahren der Bewährung.

dass er auf ausdrücklichen Befehl seines Obersten gehandelt hatte.
Trenck wurde zu Festungshaft in Spielberg bei Brünn verurteilt,
wo er 1749 starb.

Für Laudon eröffneten sich in dieser Zeit kaum Perspektiven.
Er spielte mit dem Gedanken, Österreich zu verlassen, hatte aber
kein wirkliches Ziel. Über Vermittlung von Freunden erhielt er

schließlich im Mai 1746 eine Stelle als Hauptmann im Regiment Lika im heutigen Kroatien. Er diente vier Jahre in der unruhigen, von Turbulenzen und Rebellionen geschüttelten Grenzregion, bis er 1750 in das noch weiter südlich gelegene Bunić versetzt wurde – wo der mittlerweile 33-Jährige weitere sechs Jahre verbrachte. Sechs schwere Jahre.

Als Chef der Militärstation Bunić hatte Laudon kein ruhiges Leben. Zu Beginn seiner Dienstzeit wurden die Regimenter an der Militärgrenze „reguliert", sie erhielten im Zuge der Heeres-Reform einheitliche Bewaffnung und Uniform. Was sich Haugwitz am grünen Tisch ausgedacht hatte, ließ sich aber schwer umsetzen, immerhin galt es, aus einem Haufen wilder Krieger geordnete Regimenter zu formen, alle Wehrpflichtigen zu erfassen, zu exerzieren, militärische Disziplin zu üben und statt der Nationaltracht die einheitliche Montur einzuführen. Dass dies alles in der wilden Karstregion zu Unmut, ja bei der Einhebung neuer Steuern sogar zu Rebellion führen musste, war absehbar. Laudon wusste damit umzugehen. Mit Glacéhandschuhen fasste er kaum jemanden an, das lässt zumindest der folgende Erlass erahnen: „Da die Prügel zur Eruierung der Wahrheit nichts fruchten, nachdem ein Kriminalist [Verbrecher] wie nichts 200 oder 300 Prügel aushalten kann, darf in der Folge die infame Tortur wieder gebraucht werden."[122]

Die schweren Jahre an der Militärgrenze waren für Laudon trotz allem keine verlorene Zeit. Sie waren eine harte Schule, boten ihm aber auch die Möglichkeit, sich in Menschenführung zu üben, in der Rechtsprechung und in wirtschaftlichen Fragen. Während sich die anderen Offiziere bei Würfelspiel und Wein amüsierten und ihre „Weibergeschichten" hatten, beschäftigte er sich mit militärwissenschaftlichen Arbeiten – und entwickelte sich immer mehr zu einem in sich gekehrten, stillen und schweigsamen Eigenbrötler. Zu einem Mann, der die Einsamkeit liebte und der kein Freund von Scherzen war. Man habe ihn selten lächeln gesehen, berichten

Zeitgenossen, er habe wenig gesprochen, und wenn doch, dann bedächtig und gründlich.

Auch dass Laudon, mittlerweile zum Katholizismus übergetreten, schon 1746, knapp nachdem er die Stelle im Regiment Lika erhalten hatte, Clara von Hagen, die Tochter eines Administrators des Tabakmonopols in Pressburg, geheiratet hatte, veränderte sein Auftreten nicht wesentlich. Ungerührt davon, dass seine junge Frau, die zwei Söhne zur Welt brachte, die jedoch beide im frühen Kindesalter starben, in der abgelegenen Karstregion kaum Abwechslung hatte, liebte er es, abends über militärischen Karten zu brüten oder an seinen Studien zu arbeiten. Mit Hingabe widmete er sich lediglich seinem „großen Eichenwald": einem Wäldchen in der öden Karstlandschaft, dessen einzelne Bäume nicht reihum standen, sondern die er in der Anordnung einer zur Schlacht aufgestellten Armee mit Vorhut, Flankenschutz, dem Gros und der Nachhut pflanzen ließ. Das Wachsen und Gedeihen seiner „Armee" beobachtete er von Jahr zu Jahr mit steigender Freude. Der „Laudonwald" hat übrigens die Jahrhunderte überlebt. Die Vorhut ist – naturgemäß – gefallen, weite Teile sind heute aber als Naturschutzgebiet erhalten.

Kriegsheld und Volksliebling

Der Ausbruch des Siebenjährigen Krieges (1756-1763) brachte auch für Laudon die große Wende. Österreich stellte zwei Armeen auf, eine unter Feldmarschall Browne an der sächsischen Grenze und eine unter Piccolomini an der schlesischen Grenze. Aus Kroatien wurden tausende Soldaten eingezogen. Laudon war nicht unter den Offizieren, die ins Feld gerufen wurden. Der in Kroatien kommandierende General Petazzi, der Laudon nicht ausstehen konnte, hatte es verhindert. Laudon war empört, diese Abfuhr wollte er sich nicht gefallen lassen. Ohne die Genehmigung des Generals einzuholen, reiste er wutentbrannt nach Wien. Um ein Haar hätte diese militärische Insubordination mit ernsten Folgen geendet, er war drauf und dran, mit einem Verweis abgefertigt und an die Grenze zurückgeschickt zu werden, da trat, wieder einmal, ein vertrauter alter Vermittler auf den Plan.

Hochstätter, Laudons Freund aus Sankt Petersburger Tagen, war mittlerweilen in Wien zum Sekretär von Kaunitz aufgestiegen. Als die Frage auftauchte, wer das Korps von 800 Kroaten anführen sollte, das für die Reichsarmee bestimmt war, schlug Hochstätter Laudon vor. Sein Rat wurde gehört. Laudon wurde nach Böhmen geschickt, ins Armeekorps des Feldmarschalls Browne, als Oberstleutnant bei den Kroaten. Und nicht nur das: Dies war auch der Beginn von Laudons langjähriger Freundschaft mit Kaunitz.

In Böhmen hatte Laudon bald Gelegenheit, sich zu bewähren. Er überfiel mit seinen Kroaten, die in Bunić ihren „Schliff" erhalten hatten, die Stadt Teschen, hieb die darin liegenden zwei Schwadronen Husaren zum größten Teil nieder und brachte auch reiche Beute an Pferden mit. Später besetzte er die Strecke an der Grenze der Lausitz, nützte jede Gelegenheit, um Ausfälle über die Grenze zu machen und den Feind zu beunruhigen und zeichnete sich in Hirschfeld aus. Grund genug für Browne, ihn zur Beförderung zum Obersten einzureichen. Dies wurde mit von Maria Theresia eigenhändig unterzeichnetem Schreiben vom 17. März 1757 wegen „ersprießlich geleisteter Feldkriegsdienste" und „bezeigter Schuldigkeit und Tapferkeit" gewährt.

Lange durfte sich der frischgebackene Oberst nicht über seine Beförderung freuen, denn bald wurde es ernst. Maria Theresia hatte Browne den Oberbefehl entzogen und ihren heiß geliebten Schwager Karl von Lothringen an seine Stelle beordert. Ein schwerer Fehler, wie sich bald herausstellen sollte. Mitte April 1757 marschierte Friedrich II. in Böhmen ein, an der Spitze seiner bestens geordneten, hundertsiebzehntausend Mann starken Armee. Die kaiserliche Armee vereinigte sich in Prag, es kam zur Schlacht im Osten der Stadt. Browne wurde schwer verwundet, nach Prag gebracht und starb kurz darauf. Karl von Lothringen gelang mit fünfzigtausend Mann die Flucht nach Prag. Kapitulation kam für ihn nicht in Frage. Er verschanzte sich, wurde 22 Tage lang von den Preußen beschossen. Unter den Belagerten war Gideon Laudon mit seinen Kroaten. Rettung kam erst durch den spektakulären Sieg Dauns bei Kolín.

Die Preußen zogen ab, und nun wagten die kaiserlichen Truppen einen Ausfall aus der Stadt und Angriffe auf die abziehenden Belagerer. Laudon erwies sich dabei als besonders tüchtig. Er überfiel mit seiner „selbstständigen Angriffskolonne" von 2500 Kroaten ganz in Grenzermanier feindliche, auf dem Rückmarsch befindliche Abteilungen, drang bis Dresden vor, erbeutete Geschütze, Pontons und Vorräte. Zur Zufriedenheit Karls von Lothringen, der ihn Maria Theresia gegenüber lobend erwähnte und vermutlich auch um eine Belohnung ersuchte. Diese blieb nicht aus. Ihre Majestät sagte ihm „allermildest" 1500 Gulden jährliche Pension zu.

In den folgenden Monaten bewährte sich Laudon weiter im „Kleinen Krieg". Er wurde zum Generalmajor befördert – das Beförderungsdekret gelangte übrigens in die Hände Friedrichs II., weil preußische Husaren den überbringenden Kurier bei Erfurt abfingen. Friedrich erwies sich allerdings als überaus höflich: Er ließ Laudon das Generalpatent zustellen, mit Kompliment!

Laudon zog sich in der Folge mit seinem Korps ins Erzgebirge zurück. Lange aber sollte es nicht mehr dauern, bis er Kriegsruhm und Schlachtenehre erfahren durfte. Anfang des Jahres 1758 war die Festung Schweidnitz (heute Świdnica) im südlichen Schlesien in die Hände Friedrichs gefallen. Laudon war mit seiner numerisch schwachen Truppe in der Umgebung unterwegs und führte – recht erfolgreich – den üblichen Kleinkrieg. Die Lage war höchst bedrohlich. Seine dringliche Bitte um Truppenverstärkung lehnte Daun dennoch forsch ab.

Im April begann Friedrich seine Truppen aus Schlesien abzuziehen, nach Olmütz zu marschieren und die Stadt zu belagern. Maria Theresia erteilte Daun die Weisung, Olmütz, die mährische Stadt, deren Fall den Weg nach Brünn und weiter nach Wien geöffnet hätte, zu entsetzen. Daun versprach es, zögerte aber wieder einmal. Laudon bezog indes mit seinem in aller Eile aufgestellten Freiwilligenbataillon, später „Grün-Loudon-Grenadiere" genannt, strategisch wichtige Punkte, vor allem Stellungen auf bewaldeten Höhen. Der Historiker Arnett später: „Einem Adler gleich überwachte er jede Bewegung (des Feindes), erspähte er jede verwundbare Stelle und stürzte sich auf dieselbe."[123]

Bald darauf ergab sich für Laudon die Chance seines Lebens. Um die Versorgung der Belagerer zu sichern, hatte Friedrich einen gigantischen Transport ausgerüstet. 4000 Wagen, alle voll beladen mit Proviant, Munition, Geld, Branntwein und Bier rollten am 26. Juni aus Troppau in Richtung Olmütz, eskortiert von 10.000 Mann. Der Plan war, diesen Transport zu überfallen, damit die Belagerung von Olmütz zu verhindern und so die Stadt ohne Blutvergießen einnehmen zu können. Dafür wurde Laudon sogar Verstärkung zugebilligt. Und tatsächlich: Es gelang ihm, den Konvoi bei Domstadl zu stellen. Die Preußen errichteten noch eine Wagenburg und verschanzten sich darin, die Angreifer aber „feuerten mit Kanonen auf sie, schossen die Pferde tot, sprengten die Pulverwagen in die Luft und setzten alles in schreckliche Verwirrung."[124]

Die Folgen des Überfalls waren für Friedrich dramatisch: Sein Versorgungskonvoi war zerstört, er musste aus Mähren abziehen und am 2. Juli war Olmütz frei. Laudon aber wurde drei Tage nach diesem glücklichen „Fang" zum Feldmarschall-Leutnant befördert. Und zeigte nur wenige Wochen später, dass er jede Beförderung wert war: Friedrich hatte am 25. August bei Zorndorf (heute Sarbinowo) einen Sieg über die mit Österreich verbündeten Russen errungen und diese in die Flucht geschlagen. Daun, der sich mit den Russen zu vereinigen gedachte, war nach Sachsen vorgerückt. Friedrich aber machte kehrt und marschierte ihm entgegen. Vom alten Zauderer Daun befürchtete er keinen Angriff, also bezog er bei Hochkirch in aller Ruhe ein Lager. Mit Laudon aber hatte er nicht gerechnet. Dieser brachte seinen Oberbefehlshaber dazu, das preußische Lager zu überfallen. Franz Herre: „Als am 14. Oktober 1758 die Turmuhr von Hochkirch die fünfte Morgenstunde schlug, fiel Laudon, noch in der Dunkelheit, über die Preußen her, die reihenweise in ihren Zelten niedergemacht wurden.“[125]

Laudons kühner Beitrag zum Sieg von Hochkirch blieb nicht unbelohnt. Er wurde noch im Dezember mit der nächsten Stufe des Maria-Theresien-Ordens ausgezeichnet, dem Großkreuz. Im Siebenjährigen Krieg aber zeichnete sich dank der Zögerlichkeit Dauns noch lange keine Wende ab. Und das, obwohl das Jahr 1759 Österreich einen weiteren großen Sieg bescherte: Die Russen rückten an die Oder vor, vereinigten sich mit dem Korps Laudons und nahmen schon Berlin ins Visier. Unter dem Motto „Angriff ist die beste Verteidigung“ griff Friedrich am 12. August bei Kunersdorf an. Die Russen waren drauf und dran zurückzuweichen, da riss Laudon das Kriegsglück herum. Er warf seine Reiterei in die Schlacht, setzte die Infanterie geschickt ein und positionierte alle verfügbaren Geschütze auf einem Hügel so massiv, dass er einen regelrechten „Feuerdamm“ durch die feindlichen Truppen schlagen konnte.

Für Friedrich geriet Kunersdorf zum Desaster. Seine stolze, 48.000 Mann starke Armee war auf 3000 Mann geschrumpft. „Alles ist verloren!“, klagte er und dachte sogar an Selbstmord. Wieder einmal hatte er jedoch Glück. Im Siegestaumel versäumten es sowohl die Russen als auch die Österreicher, ihn zu verfolgen und

Laudon auf dem Schlachtfeld von Kunersdorf, wo er Friedrich II. 1759 vernichtend schlug.

ihm den Gnadenstoß zu versetzen. Laudon rief zur entscheidenden
Attacke auf, vergeblich. Während Maria Theresia am 16. August
auf dem Balkon des Schlosses Schönbrunn überglücklich die Nachricht von diesem „herrlichen Sieg" empfing, konnte sich Friedrich
rasch fassen und erneut Truppen zusammenziehen.

Für Laudon bedeutete Kunersdorf einen weiteren Schritt auf
der Karriereleiter. Maria Theresia erhob ihn am 5. März gemein-

sam mit seinem Bruder und seinen beiden Cousins in den Freiherrenstand. In dem „Österreichischen Herrendiplom" findet sich
zum ersten Mal die Schreibweise seines Namens als „Loudon"
und die Erwähnung, dass sich ein Teil seiner Familie in Livland
aus dem Königreich Schottland „vor undenklichen Jahren ansässig
gemacht" habe. Zugleich mit der Erhebung in den Freiherrenstand
beschenkte ihn die Monarchin mit dem Gut Klein-Bečvar in Böhmen. Die Beförderung zum Feldzeugmeister, der letzten Stufe vor
dem Feldmarschall, verhinderte Daun vorerst mit der Begründung,
„sonst bleibt eurer Majestät für ein anderes Mal nichts übrig". Die
Beförderung erfolgte dann aber doch, nämlich am 20. November.
Die Frage, ob der Feldherr, der durch seine großen Leistungen auf
sich aufmerksam gemacht hatte, nicht doch zum Generalissimus
ernannt werden sollte, stand zwar im Raum, zu einer Ablösung
Dauns konnte sich Maria Theresia aber nicht entschließen. Auch
nicht, als Laudon im folgenden Jahr in Schlesien wichtige Festun-
gen wie Glatz (heute Kłodzko) einnahm und bei Landshut ein
preußisches Korps vernichtend schlug.

Gefeiert wurde der Sieger dennoch. Der stille, bescheidene
und zurückhaltende Laudon stieg zu einem richtigen Volkshelden
auf, alle Schichten der Bevölkerung jubelten ihm zu, sein Name war
in aller Munde. Auf ihn wurden Gedichte geschrieben. Ein Beispiel:

Laudon ist da!
Jauchzt ihm entgegen, Kroaten!
Laudon, der Führer zu Thaten,
Laudon ist da!!

Seht ihr den Held,
Der uns bei Landshut regierte?
Der uns bei Kunnersdorf führte? –
Brüder ins Feld!

Laudon voran;
Hinter ihm seine Kohorten,
Greifen wir höllische Pforten
Zagelos an. (…)[126]

Rivalen und Gegner

Trotz allem: Auch Laudon hatte das Kriegsglück nicht auf ewig gepachtet. Nach den Siegen von Kunersdorf, Landshut und Glatz hatte sich die Meinung gefestigt, Laudon könne auch die Hauptarmee führen, besser als Daun. Tatsächlich befehligte der Feldzeugmeister Laudon zu diesem Zeitpunkt bereits eine Armee von mehr als siebzigtausend Mann. Bei Liegnitz allerdings erlebte er 1760 eine schwere Niederlage, als er bei dem Versuch, das preußische Heer von der Flanke her zu umgehen, plötzlich auf die Hauptarmee stieß, deren Angriff nicht gewachsen war und vergeblich auf die Truppen Dauns und Lacys wartete, die entgegen der zuvor getroffenen Absprache nicht rechtzeitig erschienen. Nach der verlorenen Schlacht tauchte immer wieder der Vorwurf auf, der Feldmarschall hätte Laudon absichtlich im Stich gelassen – aus Eifersucht. Daun widersprach heftig, doch dass er zum Ziel von Spott und Hohn wurde, konnte er nicht verhindern: Eine zeitgenössische Karikatur zeigte ihn etwa schlafend mit Nachtmütze, davor ein Degen mit der Aufschrift: „Du sollst nicht töten".

Die Niederlage von Liegnitz hatte Folgen. Daun blieb zwar Oberbefehlshaber und Laudon ihm unterstellt, die Operationen seines Korps in Schlesien wurden aber für unabhängig erklärt. So gab es zwar keinen Generalissimus Laudon, wohl aber einen Feldzeugmeister mit direktem Draht zu Kaunitz und Maria Theresia.

Bei der Eroberung der Festung Schweidnitz 1761 war Laudon

noch ein großer Sieg beschert, eine Wende im Krieg war dennoch nicht in Sicht. Und Maria Theresia monierte: „Mit all den Truppen, die ich ihm gegeben habe, konnte er nichts bewirken außer dem glücklichen Handstreich von Schweidnitz. Aber das war eine Angelegenheit von nur wenigen Grenadierbataillonen."[127]

Der Siebenjährige Krieg, der eine halbe Million Menschen das Leben gekostet hatte, ging 1763 aufgrund der allgemeinen Erschöpfung zu Ende, ohne dass es einen klaren Sieger gegeben hätte. Auch Laudon hatten die Kriegsjahre an den Rand der psychischen und physischen Erschöpfung gebracht. Er hatte Jahre im Feld verbracht, hatte umgeben von Pulverdampf und Kanonendonner mit ansehen müssen, wie tausende Soldaten reihenweise hingemetzelt wurden, war über Leichenberge gestiegen und hatte den beißenden Verwesungsgeruch in der Nase. Und doch war er ein hochsensibler Mensch geblieben, ein verletzlicher, zur Schwermut neigender Mann, der sich über jede kleine Zurücksetzung kränken konnte, allerdings ohne Bitterkeit.

Mit dem 1725 in Sankt Petersburg geborenen Franz Moritz von Lacy, der sich im Erbfolgekrieg in Italien bewährt hatte, 1753 zum Oberstleutnant ernannt wurde und dann zu Beginn des Siebenjährigen Krieges unaufhaltsam die Karriereleiter hinaufstieg, war Laudon ein starker Konkurrent erwachsen. Lacy war umfassend gebildet, wusste sich elegant auszudrücken, war ein Schöngeist und verstand es, den nach dem Tod von Kaiser Franz I. Stephan zum Mitregenten ernannten Joseph II. für sich zu gewinnen. Alles Dinge, die Laudon nie gelungen waren.

Lacy war auch überaus umtriebig, er beteiligte sich maßgeblich an der Reorganisation der Armee, entwarf den Plan für die Schlacht von Hochkirch, wurde dafür mit dem Großkreuz des Maria-Theresien-Ordens ausgezeichnet, durfte sich den spektakulären Erfolg beim „Finckenfang von Maxen" auf die Fahnen schreiben, besetzte 1760 Berlin und war bei Daun hoch angesehen.

Laudon konnte ihn nicht ausstehen. Umso schwerer traf es ihn, dass nicht er, sondern Lacy 1763 Hofkriegsrat wurde.

Deutliche Anzeichen sprechen dafür, dass Laudon noch im letzten Kriegsjahr versucht hat, Österreich den Rücken zu kehren und in spanische oder russische Dienste zu treten. Als sich nach dem Friedensschluss von Hubertusburg für ihn bei den Reformen des Militärwesens in Wien keine Verwendung mehr fand, während Daun und Lacy mit den höchsten Würden überhäuft wurden, erwog er ernsthaft, ein lukratives Angebot aus Sachsen anzunehmen. Bevor es zu einem konkreten Abschluss kam, starb jedoch August III. von Sachsen, das bedeutete das Ende des sächsischen Projekts. Laudon blieb dennoch weiterhin auf der Suche. Als Nächstes signalisierte er Zarin Katharina II., dass er geneigt sei, in russische Dienste zu treten. Katharina ließ ihn wissen, sie sei erfreut, einen so erfahrenen Mann in ihre Dienste nehmen zu können. Seine Bedingungen, wie etwa das Jahresgehalt von 15.000 Gulden, die Beibehaltung seines bisherigen Ranges, die Verleihung von Orden und ein Erbgut in Livland, waren ihr dann aber doch zu hoch.

Einen Teil dieser Gespräche führte Laudon in Karlsbad, wo er nach den langen und aufreibenden Kriegsjahren versuchte, durch Kuren wieder zu Kräften zu kommen. Dort traf er auf den zu jener Zeit viel gelesenen Dichter und Literaturprofessor Christian Fürchtegott Gellert – und schloss mit ihm über alle Unterschiede des Berufs und der Lebensführung hinweg Freundschaft. Von Gellert stammt die eingangs zitierte Beschreibung Laudons, eine der ganz wenigen ihrer Art.[128]

Eine hübsche Anekdote beschreibt auch ein Zusammentreffen der beiden: Laudon traf Gellert beim Spaziergang im Kurpark, wollte ihn aber nicht stören: „Ich käme oft gerne zu Ihnen, aber ich fürchte mich, ich weiß nicht, ob Sie mich haben wollen." Ein andermal fing er an: „Sagen Sie mir nur, wie ist es nur möglich, daß Sie so viele Bücher schreiben können und so viel Munteres und Scherzhaftes? Ich kann's gar nicht begreifen, wenn ich Sie so ansehe." Gellert, damals schon schwer krank, zeigte eine „traurige Miene" und erwiderte: „Das will ich Ihnen sagen, aber sagen Sie mir erst, Herr General, wie es möglich war, daß Sie die Schlacht bei Kunersdorf haben gewinnen und Schweidnitz in einer Nacht haben einnehmen können? Ich kann's gar nicht begreifen, wenn ich Sie so ansehe!" Damals habe er, sagte Gellert, Laudon das erste Mal lachen sehen, sonst habe dieser nur gelächelt.[129]

Laudon bat jedenfalls Gellert, ihm eine Liste von Büchern zusammenzustellen, die er ihm zur Lektüre empfahl – ein Versuch, das Bildungsmanko auszugleichen, unter dem er sein Leben lang litt?

Laudons Versuche, in fremde Dienste aufgenommen zu werden, ließen sich nicht realisieren. Also fasste er einen anderen Entschluss: Er zog sich auf sein Gut in Böhmen zurück, kaufte ein zweites Gut dazu und baute sich ein ansehnliches Schloss – möglicherweise, um nach den Jahren der Zurücksetzung hinter seine hochadeligen Kollegen mit ihrem Stand gleichzuziehen. Nach Wien kam er in den folgenden Jahren nur selten. Dass Daun nicht nur Oberbefehlshaber blieb, sondern auch Staatsminister und überdies noch Präsident des Hofkriegsrates wurde, beobachtete er aus der Ferne. Für ihn stand fest: Solange Daun militärisch und politisch immer mächtiger wurde und an seiner Seite noch dazu Lacy hatte, der ihm in Bezug auf Bildung und Kriegswissenschaft noch überlegen war und mit dem ihn keinerlei Sympathie verband, war in Wien kein Platz für ihn.

1766 wurde Lacy nach Dauns Tod Präsident des Hofkriegsrates. Jetzt endlich wurde auch Laudon Mitglied des Hofkriegsrates, zugleich wurde er zum Generalinspektor der Infanterie ernannt. „Diese Ernennung sollte wohl den Seelenschmerz lindern, den die Wahl Lacys zum Präsidenten des Hofkriegsrates hervorgerufen hat", schrieb der Gesandte Venedigs nach Hause und traf damit vermutlich den Nagel auf den Kopf.

Laudon blieb drei Jahre in seinem neuen Amt, dann wurde das Generalinspektorat abgeschafft. Für Laudon hatte die Zeit aber gereicht, um weitreichende Reformen nach dem Vorbild Preußens durchzubringen.

Preußen war auch 1769 das große Thema. Joseph II. bat Laudon, ihn zum Besuch bei Friedrich II. nach Neisse (heute Nysa) zu begleiten. Anlass des Treffens, an dem zahlreiche Generäle und auch Lacy teilnahmen, war ein Gespräch über Politik, doch natürlich standen auch zweitägige Manöver auf dem Programm. Im September 1770 fand der Gegenbesuch in Neustadt bei Olmütz statt, bei dem Kaunitz persönlich die Gespräche führte und erstmals die „Erste Teilung Polens" zur Sprache kam, die dann zwei Jahre später zum Entsetzen Maria Theresias Realität wurde. Die Manöver bei diesem Treffen zu befehligen hatte Laudon die Ehre. Anders als in Neisse zollte Friedrich II. Laudon, den er einst abgewiesen und der ihm später im Krieg so schwere Niederlagen zugefügt hatte, diesmal größten Respekt. Eine Anekdote machte später die Runde: Bei einem Diner habe der bescheidene Laudon versucht, am Ende des langen Tisches Platz zu nehmen. Friedrich aber rief ihn zu sich: „Herr Marschall, kommen Sie, ich bitte Sie, setzen Sie sich neben mich, ich habe Sie viel lieber neben mir als mir gegenüber!"[130]

In den 1770er Jahren zog sich Laudon, gesundheitlich schwer angeschlagen – und vermutlich auch unzufrieden mit den Entwicklungen beim Militär –, abermals auf sein böhmisches Gut zurück. 1773 suchte er um seine Entlassung an. Als ihn Maria Theresia wenige Monate später sah, war sie entsetzt über sein Aussehen, er habe ihr Angst gemacht, klagte sie, so mager sei er gewesen, und er habe über Schmerzen in der Brust geklagt. Seiner Bitte, einem seiner Neffen zu helfen, kam sie jedoch gerne nach. Ein halbes Dutzend Laudons wären ihr nicht zu viel, notierte sie in ihrer herzlichen Art in einem „huldreichen" Handschreiben.

Das Landleben scheint Laudon gut bekommen zu sein. Er beobachtete den Russisch-Türkischen Krieg nur aus der Ferne und kam immer mehr zu Kräften. Im Jahr 1777 muss er neuen Lebensmut geschöpft haben. Er verkaufte seine Güter in Böhmen und erwarb stattdessen die Herrschaft Hadersdorf im Westen von Wien. Im Laufe der folgenden Jahre baute er die ehemalige gotische Wasserburg zu einem prachtvollen Wasserschloss aus und umgab es mit einem weitläufigen Park. Lacy hatte nur wenige Jahre zuvor das Gut Neuwaldegg erworben und dem damaligen Stil entsprechend einen weitläufigen Landschaftspark anlegen lassen. Reiner Zufall, oder ein Versuch Laudons, mit seinem eleganten Gegenpart gleichzuziehen?

Maria Theresia jedenfalls war mit dem Kauf nicht einverstanden. Als 1778 der Bayerische Erbfolgekrieg ausbrach und Joseph II. „ganz ohnerfahren" Laudon ersuchte, sich zur Armee zu begeben und dieser damit endlich, zwölf Jahre nach Lacy, zum Feldmarschall aufstieg, waren die Bauarbeiten noch in vollem Gange. Über Vermittlung von Kaunitz nahm sich die Monarchin des Weiterbaus an, kam sogar für die Kosten von 4000 Gulden auf, schrieb aber im Mai 1778 an ihren Sohn: „Sie werden sich erinnern, wie sehr ich dagegen war, dass er diesen Platz kauft. Er kann daran keine Freude haben, wenn man das Schloss nicht völlig instand setzt …"[131]

Nach diesem kurzen, als „Zwetschkenrummel" in die Geschichte eingegangenen Krieg war es Laudon vergönnt, zwölf friedliche Jahre zu verbringen. Er kaufte und verkaufte mehrere Häuser in Wien, zog sich dann aber in sein Schloss Hadersdorf zurück und führte ein der damaligen Zeit angemessenes Gesellschaftsleben. Militärisch war ihm noch einmal Erfolg vergönnt. Von Joseph II. mit dem Oberbefehl über die Armee betraut, errang er dort, wo seine Karriere 40 Jahre zuvor begonnen hatte, am Balkan, im letzten Türkenkrieg große Siege; unter anderem eroberte er am 8. Oktober 1789 Belgrad zurück.

Schloss Hadersdorf, ein ehemaliges Wasserschloss. Laudon erwarb das desolate Schloss zum Entsetzen Maria Theresias, setzte es in Stand und verbrachte darin seine letzten Lebensjahre. Heute ist Schloss Laudon Sitz der Verwaltungsakademie des Bundes.

Im Jahr 1790 folgte Leopold II. seinem verstorbenen Bruder Joseph II. auf den Thron. Er bestätigte Laudon in seiner ganzen Vollmacht und dieser richtete einen Kordon des Heeres entlang der Grenzen von Mähren, Galizien und Böhmen ein. Im Juni begab er sich an die Grenze, um den Fortschritt der Aufstellung zu kontrollieren. In Neutitschein erkrankte er plötzlich, erlitt einen Fieberschub. Er erholte sich zwar, im Juli aber verschlechterte sich sein Zustand rapide – wie Zeitgenossen berichteten, laborierte er an einem schmerzhaften Leiden in der „Urinblase". Der Stabschirurg versuchte, ihn mit mehreren Blasenstichen zu kurieren, vergeblich. Laudon verstarb am Abend des 14. Juli – an dem Tag, an dem in Paris der Jahrestag des Sturmes auf die Bastille gefeiert wurde. Seine letzten Worte galten einem Freund, der ihm Mut machen wollte: „Ach halten Sie mich nicht für so schwach und machen Sie mir nichts weis!"[132]

Aus Belgrad hatte Laudon eine Reihe von Spolien mit nach Wien gebracht. Im Sinne der damals aktuellen romantischen Gartenkunst ließ er sie bunt zusammengewürfelt und umgeben von frei wachsender, „verwilderter" Natur in seinem „türkischen Gartl" in Hadersdorf aufstellen. Heute stellen sie ein Kuriosum dar: Sie wurden 1835 zu einer Schautafel zusammengemauert, dabei wurde der Stein mit dem Sultanssiegel jedoch aus Unwissenheit verkehrt herum eingesetzt, er steht auf dem Kopf.

Laudon stört das nicht. Er ruht auf der gegenüberliegenden Straßenseite, in einem kleinen Grabtempel, den seine Gattin Clara bei dem Bildhauer Franz Anton Zauner in Auftrag gab.

Anmerkungen

1 Fred Hennings: *Und sitzet zur linken Hand. Franz Stephan von Lothringen*, Paul Neff Verlag, Wien–Berlin–Stuttgart 1961, S. 61.

2 Charlotte Pangels: *Die Kinder Maria Theresias*, Verlag Callwey, München 1983, S. 19.

3 Fred Hennings: *Und sitzet zur linken Hand. Franz Stephan von Lothringen,* Paul Neff Verlag, Wien–Berlin–Stuttgart 1961, S. 173.

4 W. Fred: *Briefe der Kaiserin Maria Theresia*, Georg Müller, München und Leipzig 1914, Bd. 1, S. 1, 3.

5 Edmund Aelschker: *Maria Theresia vor ihrer Thronbesteigung*, Alfred Hölder, k k. Hof- und Universitäts-Buchhändler, Wien 1877, S. 77.

6 Franz Herre: *Maria Theresia. Die große Habsburgerin*. Piper, München–Zürich 2004, S. 198.

7 Nach Carl Rothe: *Die Mutter und die Kaiserin*, Verlag Herold, Wien–München 1968, S. 88.

8 Richard Raithel: *Maria Theresia und Joseph II. ohne Purpur*. Österreichischer Bundesverlag, Wien 1954, S. 3.

9 *Wienerisches Diarium Nr. 21,* 15. Martii 1741, S. 225.

10 Otto Christoph Graf von Podewils: *Friedrich der Große und Maria Theresia*, Diplomatische Berichte, hrsg. Von Carl Hinrichs, Berlin 1937, S. 50.

11 zitiert aus W. Fred: *Briefe der Kaiserin Maria Theresia,* Georg Müller, München und Leipzig 1914, Bd. 1, S. 66.

12 Helmut Neuhold: *Das andere Habsburg. Homoerotik im österreichischen Kaiserhaus,* Tectum Verlag, Marburg 2008, S. 272.

13 zitiert aus Richard Raithel: *Maria Theresia und Joseph II. ohne Purpur*. ÖBV, Wien 1954, S. 44.

14 zitiert aus Richard Raithel: *Maria Theresia und Joseph II. ohne Purpur*. ÖBV, Wien 1954, S. 45.

15 Fred Hennings: *Das josephinische Wien*. Herold, Wien 1966, S. 19.

16 Johann Wolfgang von Goethe: *Dichtung und Wahrheit, I. und II. Teil,* Goldmanns Gelbe Taschenbücher, München 1961, S. 191.

17 zitiert aus Friedrich Walter: *Männer um Maria Theresia,* Verlag Holzhausen, Wien 1951, S. 223f.

18 Friedrich Weissensteiner: *Die Söhne Maria Theresias*. Verlag Kremayr & Scheriau, Wien 2004, S. 41f.

19 zitiert aus Richard Raithel: *Maria Theresia und Joseph II. ohne Purpur*. ÖBV, Wien 1954, S. 55.

20 zitiert aus Richard Raithel: *Maria Theresia und Joseph II. ohne Purpur.* ÖBV, Wien 1954, S. 57.

21 Brief vom 13. März 1769, zitiert aus Georg von Karajan: *Maria Theresia und Graf Sylva Tarouca, ein Vortrag, gehalten in der feierlichen Sitzung der kaiserl. Akademie der Wissenschaften am 30. Mai 1859,* K. K. Hof- und Staatsdruckerei Wien in Commission bei Karl Gerold's Sohn 1859, S. 33.

22 zitiert aus Richard Raithel: *Maria Theresia und Joseph II. ohne Purpur.* ÖBV, Wien 1954, S. 59.

23 zitiert aus Richard Raithel: *Maria Theresia und Joseph II. ohne Purpur.* ÖBV, Wien 1954, S. 61.

24 zitiert aus Richard Raithel: *Maria Theresia und Joseph II. ohne Purpur.* ÖBV, Wien 1954, S. 65.

25 zitiert aus Richard Raithel: *Maria Theresia und Joseph II. ohne Purpur.* ÖBV, Wien 1954, S. 67.

26 Lennhoff, Posner, Binder: *Internationales Freimaurer Lexikon,* Amalthea Verlag, Wien 1932.

27 zitiert aus Richard Raithel: *Maria Theresia und Joseph II. ohne Purpur.* ÖBV, Wien 1954, S. 93.

28 zitiert aus Richard Raithel: *Maria Theresia und Joseph II. ohne Purpur.* ÖBV, Wien 1954, S. 94.

29 zitiert aus Charlotte Pangels: *Die Kinder Maria Theresias.* Verlag Callwey, München 1983, S. 155.

30 *Wienerisches Diarium,* 2. März 1726.

31 Max Braubach: *Prinz Eugen von Savoyen.* Verlag für Politik und Geschichte, Wien 1965, Bd. V, S. 164.

32 Lady Montagu an den Abbé Conti, Wien, 2. Jänner 1717, zitiert aus Egbert Silva Tarouca: *Der Mentor der Kaiserin. Der weltliche Seelenführer Maria Theresias,* Amalthea Verlag, Zürich–Leipzig–Wien 1960, S. 31.

33 Egbert Silva Tarouca: *Der Mentor der Kaiserin. Der weltliche Seelenführer Maria Theresias,* Amalthea Verlag, Zürich–Leipzig–Wien 1960, S. 64.

34 Edmund Aelschker: *Maria Theresia vor ihrer Thronbesteigung.* Alfred Hölder, k.k. Hof- und Universitäts-Buchhändler, Wien 1877, S. 124, 137.

35 Brief an Graf Friedrich Harrach, Premier-Minister der Statthalterin der Niederlande zu Brüssel, vom 31. Dezember 1740, zitiert aus Georg von Karajan: *Maria Theresia und Graf Sylva Tarouca, ein Vortrag, gehalten in der feierlichen Sitzung der kaiserl. Akademie der Wissenschaften am 30. Mai 1859,* K. K. Hof- und Staatsdruckerei Wien in Commission bei Karl Gerold's Sohn 1859, S. 18.

36 zitiert aus Friedrich Walter: *Männer um Maria Theresia.* Verlag Adolf Holzhausens Nfg., Wien 1951, S. 171.

37 Georg von Karajan: *Maria Theresia und Graf Sylva Tarouca, ein Vortrag, gehalten in*

der feierlichen Sitzung der kaiserl. Akademie der Wissenschaften am 30. Mai 1859, K. K. Hof- und Staatsdruckerei Wien in Commission bei Karl Gerold's Sohn 1859, S. 22.

38   Friedrich Walter: *Männer um Maria Theresia*. Verlag Adolf Holzhausens Nfg., Wien 1951, S. 171.

39   Georg von Karajan: *Maria Theresia und Graf Sylva Tarouca, ein Vortrag, gehalten in der feierlichen Sitzung der kaiserl. Akademie der Wissenschaften am 30. Mai 1859*, K. K. Hof- und Staatsdruckerei Wien in Commission bei Karl Gerold's Sohn 1859, S. 23ff.

40   *Aus der Zeit Maria Theresias: Tagebuch des Fürsten Khevenhüller-Metsch, kaiserlichen Obersthofmeisters 1742-1776*, Verlag Holzhausen, Wien 1907, Band 1, S. 129.

41   Egbert Silva Tarouca: *Der Mentor der Kaiserin. Der weltliche Seelenführer Maria Theresias*. Amalthea Verlag, Zürich–Leipzig–Wien 1960, S. 165.

42   Egbert Silva Tarouca: *Der Mentor der Kaiserin. Der weltliche Seelenführer Maria Theresias*, Amalthea Verlag, Zürich–Leipzig–Wien 1960, S. 166.

43   *Aus der Zeit Maria Theresias: Tagebuch des Fürsten Khevenhüller-Metsch, kaiserlichen Obersthofmeisters 1742-1776*, Verlag Holzhausen, Wien 1907, Band 1, S. 178ff.

44   Franz Herre: *Maria Theresia. Die große Habsburgerin*, Piper, München–Zürich 2004, S. 146.

45   Brief vom 27. April 1754, zitiert aus Georg von Karajan: *Maria Theresia und Graf Sylva Tarouca, ein Vortrag, gehalten in der feierlichen Sitzung der kaiserl. Akademie der Wissenschaften am 30. Mai 1859*, K. K. Hof- und Staatsdruckerei Wien in Commission bei Karl Gerold's Sohn 1859, S. 28.

46   Brief vom 25. November 1762, zitiert aus Georg von Karajan: *Maria Theresia und Graf Sylva Tarouca, ein Vortrag, gehalten in der feierlichen Sitzung der kaiserl. Akademie der Wissenschaften am 30. Mai 1859*, K. K. Hof- und Staatsdruckerei Wien in Commission bei Karl Gerold's Sohn 1859, S. 29.

47   Brief unbekannten Datums, zitiert aus Georg von Karajan: *Maria Theresia und Graf Sylva Tarouca, ein Vortrag, gehalten in der feierlichen Sitzung der kaiserl. Akademie der Wissenschaften am 30. Mai 1859*, K. K. Hof- und Staatsdruckerei Wien in Commission bei Karl Gerold's Sohn 1859, S. 29.

48   Brief aus dem Juni 1757, zitiert aus Georg von Karajan: *Maria Theresia und Graf Sylva Tarouca, ein Vortrag, gehalten in der feierlichen Sitzung der kaiserl. Akademie der Wissenschaften am 30. Mai 1859*, K. K. Hof- und Staatsdruckerei Wien in Commission bei Karl Gerold's Sohn 1859, S. 29.

49   Brief Neujahr 1766 und 19. November 1763, zitiert aus Georg von Karajan: *Maria Theresia und Graf Sylva Tarouca, ein Vortrag, gehalten in der feierlichen Sitzung der kaiserl. Akademie der Wissenschaften am 30. Mai 1859*, K. K. Hof- und Staatsdruckerei Wien in Commission bei Karl Gerold's Sohn 1859, S. 31f.

50   Brief unbekannten Datums, zitiert aus Georg von Karajan: *Maria Theresia und Graf Sylva Tarouca, ein Vortrag, gehalten in der feierlichen Sitzung der kaiserl. Akademie der Wissenschaften am 30. Mai 1859*, K. K. Hof- und Staatsdruckerei Wien in Commission bei Karl Gerold's Sohn 1859, S. 31f.

51 zitiert aus Georg von Karajan: *Maria Theresia und Graf Sylva Tarouca, ein Vortrag, gehalten in der feierlichen Sitzung der kaiserl. Akademie der Wissenschaften am 30. Mai 1859*, K. K. Hof- und Staatsdruckerei Wien in Commission bei Karl Gerold's Sohn 1859, S. 31f.

52 *Wienerisches Diarium*, Mittwoch, 13. März 1771, Nr. 21, S. 6.

53 Taufeintragung im Taufbuch der Pfarre „Unsere liebe Frau bei den Schotten" vom 18. September 1735, zitiert aus Dolf Lindner: *Der Mann ohne Vorurteil*. ÖBV, Wien 1983, S. 11.

54 zitiert aus Constantin Wurzbach: *Biographisches Lexikon des Kaiserthums Österreich*, 1877, Band 35, S. 317.

55 zitiert aus Dolf Lindner: *Der Mann ohne Vorurteil*. ÖBV, Wien 1983, S. 32.

56 *Sonnenfels gesammelte Schriften*, Erster Band, Wien, mit von Baumeisterischen Schriften 1783.

57 zitiert aus Dolf Lindner: *Der Mann ohne Vorurteil*. ÖBV, Wien 1983, S. 43.

58 zitiert aus Thomas Chorherr (Hg.), Franz Endler: *Große Österreicher*. Ueberreuter, Wien–Heidelberg 1985, S. 256.

59 zitiert aus Dolf Lindner: *Der Mann ohne Vorurteil*. ÖBV, Wien 1983, S. 58.

60 zitiert aus Dolf Lindner: *Der Mann ohne Vorurteil*. ÖBV, Wien 1983, S. 59.

61 *Sonnenfels gesammelte Schriften*, Erster Band, Wien, mit von Baumeisterischen Schriften 1783.

62 Franz Herre: *Maria Theresia. Die große Habsburgerin*, Piper, München–Zürich 2004, S. 301.

63 zitiert aus Gerhard Herm: Glanz und Untergang des Hauses Habsburg. Econ Verlag, Düsseldorf–Wien–New York 1989, S. 168.

64 Lennhoff, Posner, Binder: Internationales Freimaurerlexikon, Amalthea Verlag, Wien 1980 [1932], S. 791.

65 zitiert aus Dolf Lindner: *Der Mann ohne Vorurteil*. ÖBV, Wien 1983, S. 105.

66 zitiert aus Dolf Lindner: *Der Mann ohne Vorurteil*. ÖBV, Wien 1983, S. 101.

67 zitiert aus Thomas Chorherr (Hg.), Franz Endler: *Große Österreicher*. Ueberreuter, Wien–Heidelberg 1985, S. 256.

68 zitiert aus Dolf Lindner: *Der Mann ohne Vorurteil*. ÖBV, Wien 1983, S. 125.

69 zitiert aus Dolf Lindner: *Der Mann ohne Vorurteil*. ÖBV, Wien 1983, S. 117f.

70 Constantin Wurzbach: *Biographisches Lexikon des Kaiserthums Österreich*, 1877, Band 35, S. 317f.

71 zitiert aus Dolf Lindner: *Der Mann ohne Vorurteil*. ÖBV, Wien 1983, S. 170.

72 Erinnerungen des dänischen „Sprachmeisters" Nikolaus Fürst, zitiert aus Dolf Lindner: *Der Mann ohne Vorurteil*. ÖBV, Wien 1983, S. 199.

73   Trauerrede von Ignaz Wurz, der Gesellschaft Jesu Priester, 1772 gehalten auf dem akademischen Hörsaale in Wien, von Trattner, Wien 1772.

74   G. A. Lindeboom: „Gerard van Swietens erster Lebensabschnitt", in: Erna Lesky und Adam Wandruszka: *Gerard van Swieten und seine Zeit.* Böhlau Verlag, Graz 1973, S. 77.

75   zitiert aus Friedrich Walter: *Männer um Maria Theresia.* Verlag Adolf Holzhausens Nfg., Wien 1951, S. 124.

76   Constantin Wurzbach, *Biographisches Lexikon des Kaiserthums Österreich,* 1877, Band 41, S. 39.

77   zitiert aus Friedrich Walter: *Männer um Maria Theresia.* Verlag Adolf Holzhausens Nfg., Wien 1951, S. 131.

78   Erna Lesky und Adam Wandruszka: *Gerard van Swieten und seine Zeit.* Böhlau Verlag, Graz 1973, S. 101.

79   Carl Rothe: *Die Mutter und die Kaiserin.* Verlag Herold, Wien 1968, S. 226.

80   Gerhard Herm: *Glanz und Niedergang des Hauses Habsburg.* Econ, Düsseldorf 1989, S. 175.

81   zitiert aus Friedrich Walter: *Männer um Maria Theresia.* Verlag Adolf Holzhausens Nfg., Wien 1951, S. 125.

82   Constantin Wurzbach, *Biographisches Lexikon des Kaiserthums Österreich,* 1877, Band 41, S. 41.

83   Andreas Ulrich Mayer: *Abhandlung des Daseyns der Gespenster nebst einem Anhange vom Vampyrismus,* gedruckt zu Augsburg 1768, S. 185.

84   Joseph von Hormayr: *Taschenbuch für die vaterländische Geschichte,* München 1831, Band 2, S. 95.

85   Alfred von Arneth: *Biographie des Fürsten Kaunitz. Ein Fragment,* erschienen im Archiv für österreichische Geschichte, Verlag Carl Gerold's Sohn, Wien 1900, Band 88, S. 67.

86   Alfred von Arneth: *Biographie des Fürsten Kaunitz. Ein Fragment,* erschienen im Archiv für österreichische Geschichte, Verlag Carl Gerold's Sohn, Wien 1900, Band 88, S. 75f.

87   Alfred von Arneth: *Biographie des Fürsten Kaunitz. Ein Fragment,* erschienen im Archiv für österreichische Geschichte, Verlag Carl Gerold's Sohn, Wien 1900, Band 88, S. 103.

88   Alfred von Arneth: *Biographie des Fürsten Kaunitz. Ein Fragment,* erschienen im Archiv für österreichische Geschichte, Verlag Carl Gerold's Sohn, Wien 1900, Band 88, S. 105.

89   Constantin von Wurzbach: *Biographisches Lexikon des Kaiserthums Österreich,* Universitätsdruckerei von L. C. Zamarski, Wien 1856-1891, Band 11, S. 72.

90   Friedrich Walter: *Männer um Maria Theresia.* Verlag Adolf Holzhausen, Wien 1951, S. 71.

91 Friedrich Walter: *Männer um Maria Theresia*. Verlag Adolf Holzhausen, Wien 1951, S. 70.

92 Constantin von Wurzbach: *Biographisches Lexikon des Kaiserthums Österreich*, Universitätsdruckerei von L. C. Zamarski, Wien 1856-1891, Band 11, S. 73.

93 Friedrich Walter: *Männer um Maria Theresia*. Verlag Adolf Holzhausen, Wien 1951, S. 82f.

94 Alexander Novotny: *Staatskanzler Kaunitz*. Verlag Brüder Hollinek, Wien 1947, S. 96f.

95 Friedrich Walter: *Männer um Maria Theresia*. Verlag Adolf Holzhausen, Wien 1951, S. 83.

96 Carl Rothe: *Die Mutter und die Kaiserin*. Verlag Herold, Wien–München 1968, S. 152.

97 Carl Rothe: *Die Mutter und die Kaiserin*. Verlag Herold, Wien–München 1968, S. 153.

98 Friedrich Walter: *Männer um Maria Theresia*. Verlag Adolf Holzhausen, Wien 1951, S. 83.

99 Friedrich Walter: „Haugwitz, Friedrich Wilhelm Graf von", in: *Neue Deutsche Biographie 8* (1969), S. 95f.

100 zitiert aus Augusta von Oertzen: *Maria Theresia. Bildnis einer deutschen Frau*, Bernhard Sporn Verlag, Zeulenroda 1944, S. 98f.

101 zitiert aus Augusta von Oertzen: *Maria Theresia. Bildnis einer deutschen Frau*, Bernhard Sporn Verlag, Zeulenroda 1944, S. 97f.

102 zitiert aus Friedrich Walter: *Männer um Maria Theresia*. Verlag Adolf Holzhausens Nfg., Wien 1951, S. 58.

103 zitiert aus Friedrich Walter: *Männer um Maria Theresia*. Verlag Adolf Holzhausens Nfg., Wien 1951, S. 63.

104 zitiert aus Friedrich Walter: *Männer um Maria Theresia*. Verlag Adolf Holzhausens Nfg., Wien 1951, S. 62.

105 zitiert aus Friedrich Walter: *Männer um Maria Theresia*. Verlag Adolf Holzhausens Nfg., Wien 1951, S. 65.

106 Carl Rothe: *Die Mutter und die Kaiserin*. Verlag Herold, Wien–München 1968, S. 145.

107 Joseph Freiherr von Hormayr: *Österreichischer Plutarch*. Doll, Wien 1807, Band IV, S. 82f.

108 zitiert aus Friedrich Walter: *Männer um Maria Theresia*. Verlag Adolf Holzhausens Nfg., Wien 1951, S. 104.

109 zitiert aus Franz Herre: *Maria Theresia. Die große Habsburgerin*, Piper, München–Zürich 2004, S. 122.

110 zitiert aus Franz Herre: *Maria Theresia. Die große Habsburgerin*, Piper, München–Zürich 2004, S. 120.

111 Gerhard Herm: *Glanz und Niedergang des Hauses Habsburg*, Econ Verlag, Düsseldorf–Wien–New York 1989, S. 155.

112 Joseph Freiherr von Hormayr: *Österreichischer Plutarch*. Doll, Wien 1807. Band IV, S. 82f.

113 Gerhard Herm: *Glanz und Niedergang des Hauses Habsburg*. Econ Verlag, Düsseldorf–Wien–New York 1989, S. 153.

114 zitiert aus Constantin von Wurzbach: *Biographisches Lexikon des Kaiserthums Österreich*, Universitätsdruckerei von L. C. Zamarski, Wien 1856-1891, Band 3, S. 251.

115 zitiert aus Friedrich Walter: *Männer um Maria Theresia*. Verlag Adolf Holzhausens Nfg., Wien 1951, S. 114.

116 zitiert aus Franz Herre: *Maria Theresia. Die große Habsburgerin*, Piper, München–Zürich 2004, S. 119f.

117 Die Schreibweise des Familiennamens variiert. Der spätere Feldherr schrieb sich zuerst Loudon, erst als er 1759 zum Freiherrn erhoben und die schottische Herkunft seiner Familie erwähnt wurde, schrieb er sich Laudon und diese Schreibweise wurde populär.

118 zitiert aus Franz Pesendorfer: *Feldmarschall Loudon. Der Sieg und sein Preis*, ÖBV, Wien 1989, S. 40.

119 zitiert aus Constantin von Wurzbach: *Biographisches Lexikon des Kaiserthums Österreich*, Universitätsdruckerei von L. C. Zamarski, Wien 1856-1891, Band 16, S. 67.

120 vgl. Wilhelm Janko: *Aus Loudons Leben*, Separatdruck aus Streffleurs Österr. Militär. Zeitschrift, Wien 1896, S. 8.

121 zitiert aus Franz Pesendorfer: *Feldmarschall Loudon. Der Sieg und sein Preis*, ÖBV, Wien 1989, S. 73.

122 zitiert aus Franz Pesendorfer: *Feldmarschall Loudon. Der Sieg und sein Preis*, ÖBV, Wien 1989, S. 89.

123 Alfred v. Arneth: *Maria Theresia und der Siebenjährige Krieg*, in: Geschichte Maria Theresias, 5, Wien 1875, S. 354ff., zitiert aus Franz Pesendorfer: *Feldmarschall Loudon. Der Sieg und sein Preis*, ÖBV, Wien 1989, S. 118.

124 zitiert aus Franz Pesendorfer: *Feldmarschall Loudon. Der Sieg und sein Preis*, ÖBV, Wien 1989, S. 119.

125 zitiert aus Franz Herre: *Maria Theresia. Die große Habsburgerin*, Piper, München–Zürich 2004, S. 239.

126 Christian Friedrich Daniel Schubart: *Gedichte*. Leipzig [o.J.], S. 153-154.

127 zitiert aus Franz Pesendorfer: *Feldmarschall Loudon. Der Sieg und sein Preis*, ÖBV, Wien 1989, S. 157.

128 zitiert aus Franz Pesendorfer: *Feldmarschall Loudon. Der Sieg und sein Preis*, ÖBV, Wien 1989, S. 166.

129 zitiert aus Franz Pesendorfer: *Feldmarschall Loudon. Der Sieg und sein Preis,* ÖBV, Wien 1989, S. 166.

130 zitiert aus Franz Pesendorfer: *Feldmarschall Loudon. Der Sieg und sein Preis,* ÖBV, Wien 1989, S. 176.

131 Maria Theresia und Joseph, ihre Korrespondenz herausgegeben von A. von Arneth, 2. Band, Wien 1868, S. 260, zitiert aus Franz Pesendorfer: *Feldmarschall Loudon. Der Sieg und sein Preis,* ÖBV, Wien 1989, S. 186.

132 Wilhelm Janko: *Aus Loudons Leben.* Separatdruck aus Streffleurs Österr. Militär. Zeitschrift, Wien 1896, S. 488, zitiert aus Franz Pesendorfer: *Feldmarschall Loudon. Der Sieg und sein Preis,* ÖBV, Wien 1989, S. 240.